Birgit Gollmann
Georg Gaßner

Sugar Gliders

Kurzkopfgleitbeutler

42 Farbfotos
10 Zeichnungen

Heimtiere

Ulmer

Inhaltsverzeichnis

Vorwort

Noch vor zehn Jahren waren Kurzkopfgleitbeutler bei uns kaum bekannt. Dies ist nicht weiter verwunderlich: Weil sie nachtaktiv sind, werden sie nur in wenigen zoologischen Gärten gezeigt. Im Tierhandel waren sie kaum erhältlich.

In letzter Zeit werden die putzigen Gleitbeutler aber immer mehr auch von Privatpersonen gehalten und deshalb auch öfter in Zoohandlungen angeboten. Die USA sind uns dabei um ein paar Jahre voraus. Dort haben Kurzkopfgleitbeutler bereits einen festen Platz in der Heimtierwelt, sie wurden sogar schon einmal zum „Heimtier des Jahres" gewählt.

Auch wir finden, dass Kurzkopfgleitbeutler einen Platz ganz oben in der Rangliste der beliebtesten Kleinsäugerarten verdienen. Sie sehen nicht nur herzig aus, sondern werden bei richtigem Umgang dank ihres neugierigen Wesens auch rasch zahm. Weil die Haltung nicht besonders kompliziert ist, sind sie auch für Menschen, die noch keine Erfahrung mit Kleinsäugern haben, als Heimtiere geeignet.

Die herzigen Sugar Gliders sind die am häufigsten als Heimtiere gehaltenen Beuteltiere.

Allerdings sollte man sich Gleitbeutler keineswegs nur deshalb anschaffen, weil sie „etwas Besonderes“ sind. Wie jede Tierart stellen sie bestimmte Ansprüche an Unterbringung, Ernährung und Pflege; werden diese nicht erfüllt, leiden die Tiere, und auch der Besitzer hat nicht viel Freude an ihnen. Überlegen Sie sich also genau, ob ein „Sugar Glider“, wie die Gleitbeutler auch im Deutschen mit ihrem englischen Namen oft genannt werden, zu Ihnen passt!

Wir züchten nun seit vielen Jahren Kurzkopfgleitbeutler. Immer häufiger wenden sich neue Gleitbeutlerbesitzer mit Fragen über Lebensweise und Ansprüche dieser Tierart an uns. Bisher gab es ja keine deutschsprachige Literatur über die Pflege dieser Art! Dieses Buch, das nicht nur auf unseren eigenen Erfahrungen, sondern auch auf denen anderer Züchter und Forscher beruht, enthält Informationen über die Biologie und tiergerechte Haltung dieser Tiere. Es soll dem interessierten Heimtierfreund als Hilfe zur Entscheidung dienen und die Fragen, die er bezüglich ihrer Bedürfnisse hat, beantworten. Wenn Sie dann Freude an Ihren Gleitbeutlern haben und diese sich bei Ihnen wohlfühlen, hat unser Buch seinen Zweck erfüllt!

Wien, im Herbst 2001 Birgit Gollmann & Georg Gaßner

Was sind Gleitbeutler?

Rechte Seite: Sugar Gliders sind vom Körperbau her für das Leben im Geäst gemacht.

Gleitbeutler sind baumbewohnende Beuteltiere, die mit Hilfe von Hautfalten zwischen Vorder- und Hinterbeinen „gleitfliegen" können. Die meisten Menschen denken bei Beuteltieren nur an Kängurus und Koalas. Tatsächlich gibt es aber mehr als 250 Arten, die eine eigene Unterklasse der Säugetiere bilden.

Besonderheiten der Beuteltiere

Körperbau und Fortpflanzung

Die Gleithäute, die durch Abspreizen der Beine „aufgespannt" werden, bilden eine annähernd rechteckige Tragfläche.

Die Bezeichnung „Beuteltiere" ist ein wenig irreführend: Nicht jede Beuteltierart hat einen **Beutel**. Bei manchen Arten ist er nur während der Fortpflanzungssaison vorhanden, bei anderen sind die Zitzen von einfachen Hautfalten umgeben oder liegen völlig frei. Wenn ein Beutel vorhanden ist, öffnet er sich übrigens keineswegs immer so wie beim Känguru nach oben. Beim Koala liegt die Öffnung am hinteren Ende, ebenso bei seinem nahen Verwandten, dem Plumpbeutler oder Wombat. Die Beutelöffnung der Gleitbeutler ist ein länglicher Schlitz, der sich von der Bauchmitte nach hinten zieht; der eigentliche Beutel liegt beiderseits der Öffnung.

Männliche Beuteltiere haben natürlich niemals einen Beutel, allerdings besitzen sie – ebenso wie die Weibchen – paarige Beutelknochen im Beckenbereich. Der Penis liegt bei ihnen im Unterschied zu den höheren Säugetieren nicht vor, sondern hinter dem Hodensack. Bei den Beuteltierweibchen werden zwei Gebärmütter und zwei Scheiden angelegt, die je nach Art mehr oder weniger miteinander verwachsen sind. After und Geschlechtsöffnung münden bei beiden Geschlechtern in eine gemeinsame Kloakentasche.

Das **Gebiss** der Beuteltiere kann aus bis zu 50 Zähnen bestehen. Ein Milchgebiss fehlt weitgehend. Die **Körpertemperatur** der Beuteltiere ist

TIPP
Viele kleinere Beuteltierarten bekommt man nur in Zoos mit speziellen Nachttierhäusern zu sehen.

etwas niedriger als die der Höheren Säugetiere. Ihr Gehirn ist einfach gebaut. Es wäre aber falsch anzunehmen, dass sie deswegen „dümmer“ oder weniger überlebensfähig sind als andere Säugetiere.

Ein charakteristisches Merkmal der Beuteltiere ist ihre eigentümliche Art der **Fortpflanzung**. Bei den Höheren Säugetieren wird das innerhalb der Gebärmutter heranwachsende Jungtier über die Plazenta (den Mutterkuchen) und die Nabelschnur von der Mutter mit allen notwendigen Stoffen versorgt. Diese Unterklasse der Säugetiere, zu der die meisten Arten gehören, wird daher auch Plazentatiere genannt. Den Beuteltieren hingegen fehlt eine echte Plazenta. Ihre Tragzeit ist auch bei großen Arten sehr kurz, die Jungen kommen daher in einem frühen Entwicklungsstadium zur Welt – ein neugeborenes Rotes Riesenkänguru wiegt zum Beispiel knapp 1 g. Die nächsten Wochen oder sogar Monate verbringen sie im Beutel, an den mütterlichen Zitzen festgesaugt.

Größere Jungtiere füllen den Beutel fast oder ganz aus, einzelne Körperteile können dann auch herausragen. In der Übergangsphase zum selbstständigen Leben verlassen sie den Beutel immer öfter und für immer längere Zeit und stecken schließlich nur noch zum Trinken den Kopf hinein. Bei den kletternden Arten werden die Jungen im Nest abgelegt oder auf dem Rücken mitgetragen, wenn sie zu groß für den Beutel geworden sind.

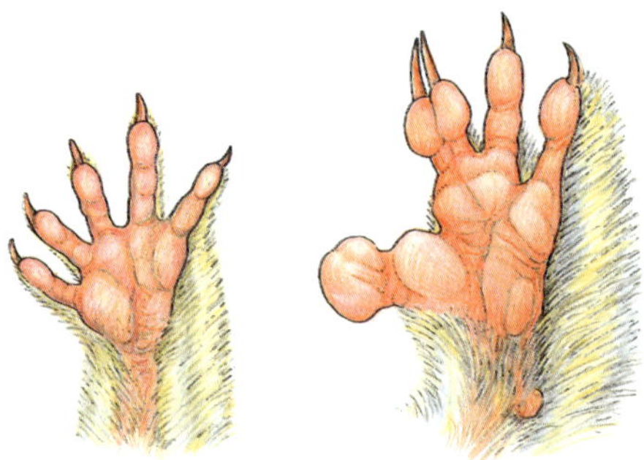

Dank ihrer Greifhände (links) und Greiffüße (rechts) können Possums ausgezeichnet klettern.

Verbreitung und Lebensweise

Beuteltiere kommen fast ausschließlich auf der Südhalbkugel vor. In Südamerika leben Beutelratten oder Opossums (rund 80 Arten), die maus- bis katzengroß und von rattenartiger Gestalt sind. Eine Art ist auch nach Nordamerika vorgedrungen. In Australien und Neuguinea, wo es vor der Entdeckung durch die Europäer nur wenige höhere Säugetiere gab, besiedeln Beuteltiere die unterschiedlichsten Lebensräume. Dementsprechend vielfältig sind auch ihr Körperbau und ihre Lebensweise. Raubbeutler wie Beutelmäuse, Beutelmarder und Tasmanische Teufel ernähren sich von Fleisch und Aas, maulwurfartige Beutelmulle wühlen sich auf der Nahrungssuche durch den Boden, die Pflanzen fressenden Koalas leben auf Bäumen, während ihre nächsten Verwandten, die Wombats, Erdbauten anlegen. Kängurus gibt es von Ratten- bis Menschengröße. Einige Kletterbeutler – zu denen auch die Gleitbeutler gehören – halten sich überwiegend auf Bäumen auf.

Die Bedeutung des Namens

Die wissenschaftliche Bezeichnung für den Kurzkopfgleitbeutler lautet *Petaurus breviceps*. Der Gattungsname *Petaurus* leitet sich aus dem Griechischen ab und nimmt Bezug auf die Fähigkeit zum Gleitfliegen: petesthai bedeutet fliegen, he ura ist der Schwanz. Der Artname *breviceps* kommt aus dem Lateinischen und bedeutet „kurzköpfig". Im Englischen wird der Kurzkopfgleitbeutler meist „sugar glider" genannt. Ebenso wie die Bezeichnungen „sugar squirrel" und „honey glider" bezieht sich dieser Name auf ihre Vorliebe für Süßes. Weniger gebräuchlich sind die Ausdrücke „lesser flying squirrel" und „lesser glider". Ein weiterer üblicher Ausdruck für Gleitbeutler ist „gliding possums". Bevor die Europäer nach Australien kamen, waren die amerikanischen Opossums die einzigen beschriebenen Beuteltiere. Diese Bezeichnung wurde zunächst auch für australische Kletterbeutler verwendet, die den Beutelratten ja zum Teil recht ähnlich sehen. Weil aber die amerikanischen und australischen kletternden Beuteltierarten nur sehr entfernt miteinander verwandt sind, erschien es ungünstig, denselben Namen zu verwenden. Deshalb bezeichnet man die australischen Kletterbeutler heute als „possums" (immer wieder liest man aber auch noch den falschen Ausdruck Opossums; auch werden in Amerika die Beutelratten umgangssprachlich manchmal „possums" genannt, was zu einiger Verwirrung führen kann). Wir verwenden die Ausdrücke Gleitbeutler, Possum oder Sugar Glider zur Bezeichnung von *Petaurus breviceps*.

Der lange Schwanz dient zum Eintragen von Nistmaterial, als Balancierstange beim Klettern und als Steuer beim Gleitflug.

Systematische Einordnung

Klasse: Säugetiere (Mammalia)
Unterklasse: Beuteltiere (Marsupialia)
Ordnung: Pflanzenfressende Beuteltiere (Diprotodontia)
Unterordnung: Kletterbeutler (Phalangerida)
Familie: Hörnchenbeutler (Petauridae)

Verwandte und ähnliche Arten

Insgesamt sind aus Australien und Neuguinea sieben *Petaurus*-Arten bekannt. Der nächste Verwandte des Kurzkopfgleitbeutlers ist der Mittlere Gleithörnchenbeutler (*Petaurus norfolcensis*, squirrel glider),

Im Gleitflug können Sugar Gliders auch größere Entfernungen zwischen Bäumen überwinden.

Links: Das eurasische Gleithörnchen *Pteromys volans* sollte nur in geräumigen Außenvolieren untergebracht werden.

Rechts: Das amerikanische Gleithörnchen *Glaucomys volans* wird seit vielen Jahren erfolgreich als Heimtier gehalten.

der etwas größer ist und einen buschigeren Schwanz hat. Wo beide Arten gemeinsam vorkommen, kann es zur Hybridisierung kommen. Mischlinge der beiden Arten pflanzen sich zumindest in Gefangenschaft erfolgreich fort.

Zur Familie Petauridae gehören auch einige nicht gleitende Arten. Der sehr seltene Hörnchenkletterbeutler (*Gymnobelidus leadbeateri*, Leadbeater's possum) ist dem Kurzkopfgleitbeutler in Größe und Färbung ähnlich, hat aber keine „Flughäute". Die schwarz-weißen Streifenphalanger (Gattung *Dactylopsia*) ernähren sich hauptsächlich von Insekten, die sie mit ihren langen vierten Fingern aus Baumritzen hervorholen.

Gleitende Arten gibt es - außer bei den Petauridae - noch in zwei weiteren Familien der Kletterbeutler. Der Riesengleitbeutler *Petauroides volans* (Fam. Pseudocheiridae) hat eine Körperlänge von etwa 35 bis 45 cm und wiegt bis zu 1,7 kg. Der Zwerggleitbeutler *Acrobates pygmaeus* (Fam. Acrobatidae) hingegen wiegt bei einer Körperlänge von höchstens 8 cm nur 10 bis 14 g. Er ist das einzige Säugetier, das über eine senkrechte Glasscheibe laufen kann.

Einen Großteil der oben erwähnten Arten wird man wohl nur in ihrer Heimat zu sehen bekommen. Außerhalb Australiens zeigen die meisten zoologischen Gärten allenfalls Kängurus, andere Beuteltierarten werden nur selten gehalten und kommen auch kaum in die Hände privater Tierliebhaber. Der Kurzkopfgleitbeutler ist bisher das ein-

> Gleithörnchen sehen den Gleitbeutlern zwar ähnlich, sind aber nicht näher mit ihnen verwandt. Sie gehören innerhalb der Plazentatiere zur Ordnung der Nagetiere. In Amerika, Asien und Nordeuropa gibt es mehrere Arten, die ähnliche ökologische Nischen wie Gleitbeutler besiedeln. Dennoch weichen ihre Ansprüche was Unterbringung und Pflege betrifft in einigen Punkten von denen der Possums ab.

zige Beuteltier, das – zumindest in den USA – den Sprung zum weit verbreiteten Heimtier geschafft hat.

In letzter Zeit bekommt er allerdings Konkurrenz von einem südamerikanischen Verwandten: Die Haus-Spitzmaus-Beutelratte (*Monodelphis domestica*) auch Kurzschwanz-Zwergopossum genannt, wird als Heimtier immer beliebter. Sie ist etwa ebenso groß wie ein Gleitbeutler, lebt aber eher einzelgängerisch und ernährt sich überwiegend von tierischer Kost. In Gefangenschaft sind das zum Beispiel Insekten und Mäuse, aber auch Katzenfutter aus der Dose. Zusätzlich sollte man weiche Früchte anbieten. Als Behausung sind Terrarien oder Käfige mit einer Grundfläche von etwa 100 x 50 cm bei einer Höhe von 50 bis 60 cm geeignet.

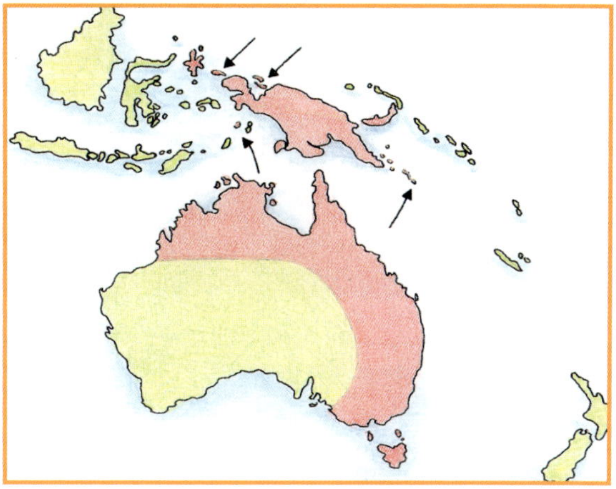

Das Verbreitungsgebiet von *Petaurus breviceps* ist rosarot dargestellt.

Wo leben Kurzkopfgleitbeutler?

Der Kurzkopfgleitbeutler ist eines der am weitesten verbreiteten Possums, sein Bestand ist im Gegensatz zu dem vieler anderer Beuteltierarten nicht gefährdet. Sein Lebensraum sind Eukalyptus- und andere Wälder in den Küstengebieten Australiens (in großen Teilen West- und Südaustraliens fehlt er) sowie auf Neuguinea und anderen Inseln nördlich von Australien. In Tasmanien wurde er vermutlich im 19. Jahrhundert eingeführt. Je nach Autor werden bis zu sieben Unterarten anerkannt, die sich in der Färbung und anderen Merkmalen geringfügig voneinander unterscheiden. Die im Tierhandel erhältlichen Gleitbeutler oder deren Vorfahren stammen fast immer aus Neuguinea, wo immerhin vier der beschriebenen Unterarten vorkommen. Eine Zuordnung zu einer bestimmten Unterart ist aber kaum möglich, weil man den genauen Herkunftsort der Possums meist nicht feststellen kann.

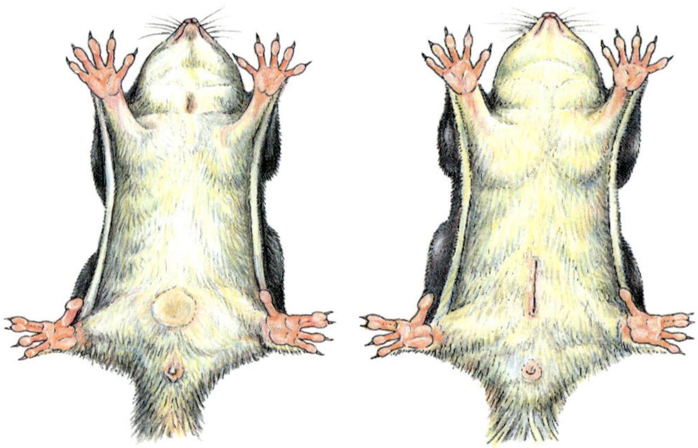

Zur Unterscheidung der Geschlechter achten Sie auf die Brustdrüse und den rundlichen Hodensack beim Männchen (links) und die schlitzförmige Beutelöffnung beim Weibchen (rechts).

Körperbau

Kurzkopfgleitbeutler sind ungefähr so groß wie Siebenschläfer, also deutlich kleiner als Eichhörnchen. Ihre Körperlänge beträgt zwischen 12 und 21 cm, der Schwanz ist ungefähr ebenso lang. Männchen wiegen zwischen 70 und 160 g, Weibchen sind im Durchschnitt etwas leichter (70 bis 135 g). Die große Schwankungsbreite beim Gewicht erklärt sich daraus, dass die Tiere in kälteren Gebieten im Allgemeinen schwerer sind als in tropischen Lebensräumen. Gleitbeutler, die in Gefangenschaft geboren wurden, sind etwas größer als ihre Artgenossen in freier Wildbahn.

Die Grundfarbe des Rückens ist grau bis bräunlich, entlang der Mittellinie zieht sich ein schwarzer Streifen von der Schnauze bis zum Schwanzansatz. Auch die großen Augen liegen innerhalb von dunklen Längsstreifen, die sich oft in einem Bogen um den Ansatz der Ohren fortsetzen. Die Schwanzspitze ist meist schwarz, kann aber in Einzelfällen auch weiß sein. Die Unterseite der Tiere ist weißlich bis gelblich. Beim Männchen sind die Haare um die Brustdrüse, die in der Mittellinie des Körpers im Übergangsbereich von Hals und Brust liegt, gelblich bis bräunlich gefärbt. Eine solche Drüse fehlt den Weibchen ebenso wie die Stirndrüse, die bei ausgewachsenen Männchen (insbesondere bei dominanten Tieren) als haarlose Stelle mitten auf der Stirn zu erkennen ist. Die Geschlechter sind leicht zu unterscheiden: Bei den Männchen liegt der Hodensack auf der Bauchseite vor der Kloakenöffnung, Weibchen hingegen haben einen Beutel.

Gleitbeutler besitzen in Anpassung an ihre kletternde Lebensweise Greifhände und -füße. Die erste der fünf Zehen (welche als einzige krallenlos ist) ist den übrigen gegenübergestellt. Die zweite und dritte Zehe sind teilweise verwachsen, ihre Krallen bilden eine Art „Putzkamm“, der bei der Fellpflege eingesetzt wird.

Der dicht behaarte Schwanz dient in erster Linie als Steuer bei den Sprüngen und Gleitflügen. Im Gegensatz zu manchen anderen Possumarten verwenden Kurzkopfgleitbeutler den Schwanz beim Klettern nicht als Greiforgan, sondern sammeln und transportieren damit Nistmaterial.

Die „Flughäute“ der Gleitbeutler erstrecken sich entlang der Körperseiten zwischen Vorder- und Hinterbeinen. Bei größeren Sprüngen werden sie durch Abspreizen der Beine vom Körper „aufgespannt". Die so gebildete, fast rechteckige Tragfläche ermöglicht es den Tieren, bis zu 50 m (bei günstigen Wind- und Geländeverhältnissen auch mehr) in einem Bogen abwärts zu gleiten. Die Richtung können die Gleitbeutler durch Veränderung der Schwanz- und Flughautstellung beeinflussen. Vor der Landung auf einem Baumstamm bringen sie die Hinterbeine nach vorne, so dass sie mit allen vier Füßen gleichzeitig aufkommen.

Lebensweise

Die Fähigkeit zum **Gleitfliegen** stellt eine Anpassung an das Leben in lichten Wäldern dar. Gleitbeutler schlafen tagsüber in Baumhöhlen und suchen nachts auf Stämmen und Zweigen nach Nahrung. Für so kleine Tiere wäre es gefährlich, auf dem Boden von einem Baum zum anderen zu laufen – leicht könnten sie die Beute eines Raubtieres oder Greifvogels werden. Im Gleitflug überwinden sie die Strecken zwischen den Bäumen relativ gefahrlos und schnell.

Gleitbeutler leben meist in Paaren oder **Gruppen** von bis zu sieben erwachsenen (überwiegend weiblichen) und einer wechselnden Anzahl von jungen Tieren. Die Tiere, die ein gemeinsames Nest bewohnen, erkennen einander am Geruch, Fremde werden verjagt. Jungtiere (vor allem männliche) verlassen die Gruppe im Alter von 7 bis 15 Monaten und versuchen, ein eigenes Revier zu besetzen oder einen Platz in einer benachbarten Gruppe zu erobern. In dieser Phase fallen viele von ihnen Eulen oder anderen Beutegreifern zum Opfer.

Die Paarungsaktivitäten können sich über mehrere Stunden erstrecken.

Bei der Suche nach einem neuen Territorium legen die Jungtiere meist Entfernungen bis zu einem Kilometer zurück, manche wandern aber auch wesentlich weiter. Sind sie erst einmal sesshaft geworden, bewegen sie sich auf der Nahrungssuche meist in einem Umkreis von bis zu 150 m von ihrem Nest, nur selten weiter.

Je nach Nahrungsangebot und Jahreszeit umfasst das Revier erwachsener Gleitbeutler zwischen 0,5 und 3,3 ha. Die Streifgebiete der einzelnen Tiere überlappen einander dabei sehr stark. Dringen allerdings gruppenfremde Possums in das Territorium ein, werden sie vertrieben, besonders wenn sie sich einem der bevorzugten Futterplätze nähern.

Überlegungen vor der Anschaffung

Rechte Seite: Zahme Gleitbeutler lassen sich streicheln und in die Hand nehmen.

Beim Anblick eines possierlichen Gleitbeutlers könnte man leicht in Versuchung geraten, ihn sofort mit nach Hause zu nehmen. Doch sollte man sich so einen Schritt, wie bei allen anderen Heimtieren auch, gut überlegen.

Die wichtigsten Fragen

TIPP

Informieren Sie sich vor der Anschaffung über die Ansprüche und Lebensweise von Gleitbeutlern.

Mit der Anschaffung eines Tieres übernimmt man dafür die Verantwortung – und das für lange Zeit: Gleitbeutler können bei guter Haltung zehn, in Einzelfällen sogar 15 Jahre alt werden. Man muss für ihre artgerechte Unterbringung sorgen, sie regelmäßig füttern und den Käfig reinigen – auch wenn man gerade einmal keine Lust dazu hat. Auch sollte man bedenken, dass neben dem Kaufpreis für die Tiere und den Käfig laufend Kosten für das Futter anfallen; manchmal könnte auch eine tierärztliche Behandlung erforderlich sein.

Gleitbeutler haben besondere Ansprüche und Eigenheiten, über die Sie sich vor der Anschaffung informieren sollten. Sie sind zwar eher klein, brauchen aber einen großen Käfig – für sehr kleine Wohnungen sind sie also kaum geeignet. Ihre Drüsensekrete haben einen moschusartigen Geruch, der nicht jedermanns Geschmack ist, aber er ist auch nicht besonders intensiv oder unangenehm. Es gibt allerdings Menschen, die beim Betreten des Raumes, in dem der Possumkäfig steht, angewidert die Nase rümpfen. Testen Sie also rechtzeitig die Reaktionen Ihrer menschlichen Mitbewohner!

Stubenrein werden Gleitbeutler nicht, sie koten und harnen während des Freilaufs in der Wohnung und auch am Gitter des Käfigs. Folglich wird auch die Umgebung des Käfigs (Boden und Wand) verschmutzt. Sauberkeitsfanatiker sollten also von der Anschaffung eines Gleitbeutlers absehen. Falls ein Familienmitglied gegen Tierhaare allergisch ist, sollte man rechtzeitig überprüfen, ob auch eine Allergie gegen Gleitbeutler besteht.

Als nachtaktive Tiere stehen Gleitbeutler meist erst mit Anbruch der Dunkelheit auf, tagsüber hat man nichts von ihnen. Dafür kann es dann in der Nacht oft recht lebhaft zugehen: Die Possums laufen keineswegs lautlos durch den Käfig oder am Gitter entlang, ihre bellenden

Die Möglichkeit, sich außerhalb des Käfigs zu bewegen, bringt Abwechslung in das Leben Ihrer Gleitbeutler.

Rufe und anderen Laute sind deutlich zu hören. Im Schlafzimmer ist also auf keinen Fall der richtige Platz!

Es macht viel Freude, die Gleitbeutler während ihrer Aktivitätszeit zu beobachten. Die Tiere werden, besonders wenn sie von klein auf den Umgang mit Menschen gewohnt sind, sehr zahm: sie fressen aus der Hand, klettern auf den Menschen herum, lassen sich streicheln und in die Hand nehmen und eventuell sogar in den Beutel schauen. Der Mensch ist für sie aber eher Nahrungsquelle und Klettergerät als ein Sozialpartner (eine Ausnahme bilden hier handaufgezogene Tiere) – wer ein richtiges Streichel- und Schmusetier haben will, ist mit einem Gleitbeutler schlecht beraten.

Auch als Spielgefährten für Kleinkinder sind Possums nicht geeignet. Einerseits könnte das Kind den Gleitbeutler verletzen, wenn es zu fest zupackt, andererseits wehrt sich ein unsachgemäß behandeltes Tier, indem es zubeißt – eine schmerzhafte Erfahrung, durch die ein Kind Angst vor Tieren bekommen könnte.

Andere im Haushalt lebende Heimtiere sind meist kein Problem, in manchen Fällen wird es aber nötig sein, ein Zusammentreffen der Gleitbeutler mit diesen Tieren zu vermeiden (siehe Seite 63) – das bedeutet ausbruchsichere Käfige oder getrennte Räume für die verschiedenen Tierarten.

TIPP

Gleitbeutler sollte man nie einzeln halten. Nicht nur Pärchen, sondern auch zwei Tiere gleichen Geschlechts vertragen sich normalerweise gut.

Einen oder mehrere Gleitbeutler?

Gleitbeutler leben normalerweise in Paaren oder Gruppen. Hält man ein Tier alleine, muss der menschliche Betreuer sich regelmäßig intensiv mit ihm beschäftigen und so für die nötigen Sozialkontakte sorgen. Doch selbst der beste Gleitbeutler-Pfleger kann die fehlenden Artgenossen nicht ersetzen.

Besser ist es, sich mindestens zwei Possums anzuschaffen. Davon profitieren sowohl die Tiere als auch die Besitzer: Die Gleitbeutler können sich tagsüber im Nistkasten aneinander kuscheln, nachts gemeinsam auf Nahrungssuche gehen und der menschliche Betreuer kann ihr vielfältiges Verhalten beobachten. Außerdem braucht er kein schlechtes Gewissen zu haben, wenn er wenig Zeit hat, sich mit seinen Possums zu beschäftigen, oder in den Urlaub fährt.

Gleitbeutlerhaltung

Wenn Sie Gleitbeutler halten wollen, sollten Sie

- Platz für einen großen Käfig haben
- damit rechnen, dass die nähere Umgebung des Käfigs verschmutzt wird, dass man die Tiere riecht und in der Nacht auch hört
- Freude am Beobachten von Tieren haben, ohne sie ständig streicheln zu wollen
- sich erkundigen, ob in Ihrem Bundesland die Haltung von Beuteltieren genehmigungspflichtig ist.

Versorgung während des Urlaubs

In gewisser Hinsicht sind Gleitbeutler während des Urlaubs schwieriger zu versorgen als andere Heimtiere. Tierpensionen sind wohl kaum darauf eingerichtet, solche Tiere aufzunehmen. Will man die Possums bei Freunden oder in einer Zoohandlung in Pflege geben, wird es aus Platzgründen meist nötig sein, die Tiere in einen kleineren Käfig zu übersiedeln. Der Transport und die Umstellung auf die beengten Verhältnisse in einer neuen Umgebung bedeuten für die Tiere Stress, der unter anderem zu schweren Auseinandersetzungen in der Gruppe führen kann – Verletzungen und sogar Todesfälle könnten die Folge sein.

Ausgewachsene Possummännchen haben eine ausgeprägte Stirndrüse.

Besser wäre es daher, einen verlässlichen Tiersitter zu engagieren, der die Gleitbeutler zu Hause, in ihrem eigenen Käfig, betreut. Der Zeitaufwand für die unbedingt notwendigen Pflegemaßnahmen, also die tägliche Fütterung der Tiere und die regelmäßige Reinigung des Käfigs, ist meist nicht allzu groß. Gleitbeutler, die in Gruppen gehalten werden, sind nicht so sehr auf menschliche Zuwendung angewiesen, sie leiden also nicht, wenn man sich eine Zeit lang nur wenig mit ihnen beschäftigt.

Gleitbeutler, die in einem kleinen Käfig untergebracht sind und an einen täglichen Freilauf gewöhnt sind, sollten darauf auch während der Urlaubszeit nicht verzichten müssen. In diesem Fall ist der Zeitaufwand für die Betreuung natürlich höher. Auch für einzeln gehaltene Possums muss sich ein Tiersitter mehr Zeit nehmen, sie brauchen den regelmäßigen Umgang mit Menschen um nicht zu verkümmern. Gleitbeutler und Betreuer sollten vor dem Urlaub bereits Gelegenheit

Der Große Gleithörnchenbeutler *Petaurus australis* kommt an der Ostküste Australiens vor.

haben, einander kennen zu lernen. Lassen Sie den Tiersitter probeweise unter Ihrer Aufsicht die Tiere füttern und den Käfig reinigen. Falls Sie Ihre Possums bei jemandem anderen unterbringen, suchen Sie gemeinsam mit dem zukünftigen Betreuer einen geeigneten Standort für den Käfig aus. Weisen Sie auf alle Probleme hin, die ein Freilauf in der Wohnung mit sich bringen kann.

TIPP
Arbeiten Sie den Urlaubstierpfleger gründlich ein und halten Sie die Fütterungs- und Pflegeanweisung auch schriftlich fest. Geben Sie Ihre Urlaubsadresse sowie die Adresse Ihres Tierarztes an.

Gesetzliche Bestimmungen

Import und Handel

Kurzkopfgleitbeutler werden bisher in internationalen Artenschutzabkommen nicht aufgeführt. In Australien unterliegt allerdings der Export von einheimischen Wildtieren strengen gesetzlichen Bestimmungen. Es ist für Privatpersonen praktisch unmöglich, australische Tiere legal aus ihrer Heimat auszuführen.

Die in Europa und in Amerika gehaltenen Possums stammen fast alle von Importtieren aus Irian Jaya, dem indonesischen Teil Neuguineas ab. Auch heute noch werden (meist im Rahmen von Reptilientransporten) immer wieder Kurzkopfgleitbeutler nach Europa und in die USA exportiert. Im Prinzip ist dies legal, oft werden die Tiere aber wegen Zollvergehen oder fehlender Gesundheitszeugnisse beschlagnahmt.

Regionale gesetzliche Regelungen

TIPP
Bei der zuständigen Veterinärbehörde können Sie in der Regel in Erfahrung bringen, ob und unter welchen Auflagen Sie Kurzkopfgleitbeutler in Ihrem Bundesland halten dürfen.

Gleitbeutler zählen (noch) nicht zu den „normalen“ Haustieren wie Katzen, Hunde, Kaninchen oder Goldhamster. Spezielle gesetzliche Bestimmungen können die Haltung von „exotischen“ Tieren oder von Arten mit „erhöhten Ansprüchen“ regeln. Diese sind allerdings von Bundesland zu Bundesland verschieden. Für ein und dieselbe Tierart können daher in einzelnen Ländern unterschiedliche Haltungsbeschränkungen oder Genehmigungspflichten gelten. Erkundigen Sie sich also unbedingt vor der Anschaffung von Kurzkopfgleitbeutlern nach den gesetzlichen Bestimmungen in Ihrem Bundesland.

Anschaffung und Unterbringung

Wo bekommt man Gleitbeutler?

Rechte Seite: Nur in Gesellschaft von Artgenossen fühlen sich Possums wirklich wohl.

Nicht in jeder Tierhandlung kann man Kurzkopfgleitbeutler kaufen. Die besten Chancen hat man in Zoofachgeschäften, die auf exotische Tierarten oder Kleinsäuger spezialisiert sind. Solche gibt es allerdings nicht überall.

Auf Tierbörsen für exotische Arten (auch auf solchen für Reptilien) werden gelegentlich Possums angeboten. Hierbei handelt es sich allerdings oft um Wildfänge aus Indonesien. Manche Fachzeitschriften haben Anzeigenteile mit einer eigenen Rubrik für exotische Tiere. Im Internet gibt es eine zunehmende Anzahl auch deutschsprachiger Websites mit eigenen Foren, in denen man nach einer gewünschten Tierart suchen kann. In Zusammenarbeit mit der BAG (Bundesarbeitsgemeinschaft für Kleinsäuger) bietet zum Beispiel der Schulzoo Leipzig auf seiner Homepage eine Tauschbörse für Kleinsäuger an.

TIPP

Kaufen Sie Ihre Gleitbeutler am besten direkt beim Züchter.

Um lange Transportwege und die damit verbundenen Probleme zu vermeiden, sollten Sie aber Ihre Gleitbeutler möglichst in der Nähe Ihres Wohnortes kaufen. Oft hilft eine Umfrage unter Bekannten (insbesondere solchen, die sich selbst für die Haltung von Kleinsäugern interessieren), einen ansässigen Possumzüchter zu finden. Vielleicht kann Ihnen auch ein Tierarzt weiterhelfen.

Ein Kauf der Possums vom Züchter hat viele Vorteile. Sie können sich selbst davon überzeugen, ob die Tiere gut untergebracht sind. Der

Vorsicht, der Sugar Glider könnte zubeißen, wenn der Finger nach Futter riecht!

Züchter kann Ihnen genaue Informationen über Alter und Ernährungsgewohnheiten Ihrer zukünftigen Heimtiere geben und anfallende Fragen beantworten. Ist er ein verantwortungsbewusster Tierhalter, wird er sich auch erkundigen, wie Sie die Possums unterbringen wollen. Auch wird er Ihnen bei späteren Problemen gerne weiterhelfen. Bei einem privaten Tierhalter haben Sie – eher als in einem Zoofachgeschäft – die Möglichkeit die Gleitbeutler während ihrer Aktivitätsperiode am Abend zu beobachten. So wird es Ihnen leichter fallen, unter den angebotenen Tieren die richtigen auszuwählen.

Auswahl der Tiere

Schon vor der Suche nach einem Anbieter für Gleitbeutler sollten Sie sich überlegen, ob Sie eher an Wildfängen oder an Nachzuchttieren interessiert sind, ob Sie Männchen, Weibchen oder beides erwerben wollen und wie alt die Possums sein sollen. Andere Aspekte, wie die Zahmheit und den Gesundheitszustand der Tiere, können Sie natürlich erst an Ort und Stelle beurteilen.

Wildfänge oder Nachzuchten?

Da sich Gleitbeutler in Gefangenschaft gut vermehren, ist es eigentlich unnötig, sie in größerer Zahl zu importieren. Bei kommerziellen Tiertransporten ist die Ausfallsrate – das heißt, der Prozentsatz der Tiere, die den Fang und die Verfrachtung nicht überleben – mitunter relativ hoch. Sie sollten bedenken, dass Sie durch den Kauf eines Wildfanges dieser Art des Tierhandels Vorschub leisten.

Wildfänge können diverse Krankheitserreger oder Parasiten in sich tragen. Durch den Stress beim Transport und die Umstellung auf eine andere Nahrung können Krankheiten leichter zum Ausbruch kommen. Zudem ist es bei den in freier Wildbahn gefangenen Possums nicht möglich, das Alter genau festzustellen. Sie riskieren mit dem Kauf eines Importtieres also, einen Gleitbeutler zu erwerben, der nur noch kurze Zeit zu leben hat. Zu beden-

Frisch aus Indonesien importierte Tiere erkennt man an der rötlich-braunen Färbung des Fells, die sich nach einigen Monaten verliert.

ken ist auch, dass ältere Wildfänge womöglich nie wirklich zahm werden. Es ist daher empfehlenswert, nach Möglichkeit Tiere aus heimischen Nachzuchten zu erwerben.

Weibchen oder Männchen?

Beabsichtigt man Gleitbeutler zu züchten, braucht man natürlich zumindest ein Pärchen, das nach Möglichkeit nicht näher miteinander verwandt sein sollte. Möchte man aber keinen Nachwuchs, sollte man sich zwei Tiere gleichen Geschlechts anschaffen. Es macht keinen großen Unterschied, ob man zwei Männchen oder zwei Weibchen wählt. Beide Geschlechter werden gleichermaßen zahm, auch ihre Lebenserwartung ist in etwa gleich. Männchen besitzen allerdings mehr Duftdrüsen, so dass man mit einer stärkeren Geruchsentwicklung rechnen muss.

Bei Gleitbeutlern ist die Unterscheidung der Geschlechter viel einfacher als beispielsweise bei manchen Nagetieren. Weibchen haben eine längliche Beutelöffnung, die auch schon bei ganz jungen Tieren zu sehen ist. Bei den Männchen liegt vor der Kloake der etwa erbsengroße Hodensack. Ausgewachsene Männchen sind im Durchschnitt größer als Weibchen und ihr Kopf ist etwas breiter. Auf dem Kopf befindet sich im dunklen Mittelstreifen eine meist haarlose Stelle, an der die Sekrete der Stirndrüse austreten. Die Haare um die Brustdrüse unterhalb des Halsansatzes sind durch Drüsensekrete bräunlich gefärbt.

Junge oder ausgewachsene Tiere?

Jungtiere, deren Schwanz nicht buschig, sondern nur mit kurzem Haar bedeckt ist, sind noch zu jung um abgegeben zu werden.

Gleitbeutler werden mit etwa vier Monaten selbstständig. Frühestens ab diesem Alter, besser erst mit fünf bis sechs Monaten, können sie von ihrer Mutter getrennt werden. Ein gerade erst abgesetztes Jungtier braucht besonders viel Zuwendung, dafür wird es aber auch rasch zahm. Wenn Sie sich in den ersten Wochen viel mit ihm beschäftigen, werden Sie es später problemlos in die Hand nehmen und auf sich herumklettern lassen können.

Ältere Tiere, die den Umgang mit Menschen nicht von klein auf gewohnt waren, werden hingegen meist ihr Leben lang eher scheu bleiben. Mit etwas Geduld kann man sie zwar sicher dazu bringen, Leckerbissen aus der Hand zu fressen, aber gegen weitere Annäherungen werden sie vermutlich häufig mit keppelnden Warnlauten oder sogar Bissen protestieren. Bevor Sie also einen ausgewachsenen Gleit-

Nur wenn man Gleitbeutler in Gruppen hält, kann man ihr vielfältiges Sozialverhalten beobachten.

beutler erwerben, erkundigen Sie sich genau, wie er früher gehalten wurde. Lassen Sie sich zeigen, wie sein Besitzer oder der Händler ihn aus dem Käfig herausnimmt – so erkennen Sie, ob das Tier einigermaßen zahm ist. Im Zweifelsfall wählen Sie lieber ein Jungtier, wenn Sie ein wirklich handzahmes Possum haben wollen.

Nicht immer wird ihnen ein Tierhändler genaue Auskünfte über das Alter der angebotenen Gleitbeutler geben können oder wollen. Wenn Sie auf die nachfolgend angeführten Merkmale achten, sollten Sie aber zumindest zwischen Jungtieren und älteren Possums unterscheiden können. Einen ersten Hinweis liefert die Größe, da Gleitbeutler erst mit etwa einem Jahr ausgewachsen sind. Bei Jungtieren ist die Unterseite der Flughäute fast weiß, später (ab einem Alter von einem Jahr) wird sie allmählich cremefarben bis gelb, die Haare können auch eine bräunliche Tönung bekommen. Bei ausgewachsenen Männchen sind Stirn- und Brustdrüse auffällig (die Stirndrüse ist allerdings bei rangniederen Tieren kaum aktiv). Bei jungen Weibchen, die noch nie Junge gehabt haben, sind die Zitzen weniger als 1 mm lang, der Beutel ist flach und wirkt sauber. Bei älteren Weibchen sind die Zitzen meist länger, der Beutel ist größer und etwas verfärbt; die Beutelöffnung ist etwas weiter. Bei älteren Possums sind die Schneidezähne stark abgenützt, oft weisen sie

Männchen mit einer voll entwickelten Stirndrüse sind wahrscheinlich mindestens zwei Jahre alt.

Sprünge auf. Im Normalfall wird man allerdings kaum die Möglichkeit haben, den Zustand des Gebisses zu untersuchen.

Woran erkennt man einen gesunden Gleitbeutler?

TIPP

Beobachten Sie, wie der Gleitbeutler sich verhält, wenn er in die Hand genommen wird. Ein Possum, das ruhig sitzen bleibt oder den Menschen neugierig zu erforschen beginnt, wird wahrscheinlich einen netten Hausgenossen abgeben.

Idealerweise sollten Sie die angebotenen Gleitbeutler während ihrer Aktivitätszeit beobachten, da das Verhalten eines Tieres einen guten Hinweis auf seinen Gesundheitszustand bietet. Ein Possum, das apathisch in einer Ecke sitzt, während seine Käfiggenossen lebhaft herumklettern, ist wahrscheinlich krank.

Achten Sie bei der Auswahl der Tiere auf folgende Punkte:

- Die Augen sollten klar und glänzend schwarz sein; sie sollten weder verklebt sein noch Verletzungen aufweisen.
- Die Nase sollte feucht sein, aber nicht rinnen.
- Die Ohren sollten aufrecht stehen und keinerlei Verkrustungen oder Anzeichen von Parasitenbefall aufweisen.
- Das Fell sollte weich und gleichmäßig sein; kahle Stellen können auf mangelhafte Ernährung oder Parasitenbefall hindeuten.
- Der Kot sollte geformt sein (er sieht so ähnlich aus wie der kleiner Nagetierarten). Ein verschmierter After kann ein Zeichen für Durchfall sein.
- Die Tiere sollten nicht abgemagert wirken. Der erste Eindruck kann allerdings täuschen, da Gleitbeutler – bedingt durch die Flughäute – im Vergleich zu anderen Kleinsäugern relativ viel Haut haben.
- Die Gleitbeutler sollten aber auch nicht übermäßig fett sein. Es kann lange dauern, sie durch eine entsprechende Diät wieder auf Normalgewicht zu bringen.
- Die Possums sollen keine Verletzungen oder Geschwüre aufweisen.

Transport

Transportieren Sie Ihre Gleitbeutler in einem ausbruchsicheren Behälter aus Holz oder Kunststoff. Durch Karton könnten sich die Possums unterwegs hindurchnagen – und wenn sie Ihnen im Freien entkommen, sehen Sie sie womöglich nie wieder! Der Behälter sollte einen festen Boden haben, der Deckel oder eine der Seitenwände sollte luftdurchlässig sein. Die Lüftungsöffnungen müssen so eng sein, dass die Gleitbeutler ihre Schnauzen oder Pfoten nicht herausstrecken können.

Mit kleinen Leckerbissen können Sie beginnen, Ihre Possums an sich zu gewöhnen.

TIPP
Gleitbeutler, die aus verschiedenen Gruppen stammen, sollten Sie getrennt voneinander transportieren. In der Enge eines Transportbehälters können die Tiere einander bei Streitereien nicht ausweichen.

Die Tiere könnten sich sonst verletzen. Im Tierhandel sind geeignete Transportbehälter in verschiedenen Größen und Ausführungen erhältlich. Für ein oder zwei Gleitbeutler (die einander natürlich kennen müssen) genügt für kurze Transporte ein Behälter von etwa 12 x 12 x 20 cm. Für größere Gruppen oder längere Reisen muss das Behältnis entsprechend größer sein.

Eine kleine Kartonschachtel im Behälter ermöglicht es den Possums, sich zu verstecken. Dadurch werden sie sich sicherer fühlen und der transportbedingte Stress ist geringer. Ein paar Hand voll Heu verhindern, dass die Schachtel im Behälter herumrutscht und bieten auch etwas Schutz gegen Kälte. Am besten stellt man den Transportbehälter in eine Tasche. Dabei muss natürlich immer auf eine ausreichende Luftzufuhr geachtet werden.

Sorgen Sie dafür, dass die Gleitbeutler unterwegs weder Zugluft noch extremen Temperaturen ausgesetzt sind. Lassen Sie sie also, besonders an einem heißen Tag, nicht für längere Zeit unbeaufsichtigt im Auto zurück! Laute Geräusche und starke Erschütterungen, die die Possums erschrecken könnten, sollte man nach Möglichkeit vermeiden. Bei längeren Transportzeiten sind feste Obststücke (wie Äpfel), Körner und Nüsse ein geeigneter Reiseproviant.

Eingewöhnung

Zu Hause angekommen, stellen Sie den Transportbehälter in den schon fertig eingerichteten Käfig. Versuchen Sie nicht, die Possums aus dem Behälter herauszuscheuchen, sondern warten Sie, bis sie von selbst herauskommen. Es kann durchaus sein, dass Sie sich bis zum Abend gedulden müssen!

Sich plötzlich in einer fremden Umgebung wiederzufinden, bedeutet für die Gleitbeutler einen gewissen Stress. Sie können diesen gering halten, indem Sie den Tieren Gelegenheit geben, ihr neues Zuhause in Ruhe zu erkunden. Vermeiden Sie in der Umgebung der Possumbehausung laute Geräusche und plötzliche Bewegungen. Anfangs sollten sich nicht zu viele verschiedene Personen mit den Gleitbeutlern beschäftigen. Laden Sie also nicht gleich alle interessierten Verwandten und Freunde ein, um Ihre Neuerwerbungen zu bewundern.

Versuchen Sie in den ersten Tagen nicht, Ihre Possums in die Hand zu nehmen, es sei denn, sie sind vollkommen zahm. Warten Sie, bis die Tiere von selbst an Ihnen oder an den Leckerbissen, die Sie ihnen durch das Käfiggitter anbieten können, Interesse zeigen. Erst wenn sich die Possums im Käfig sicher bewegen und keine Angst mehr vor Ihnen haben, sollten Sie sie frei herumlaufen lassen.

Um den Possums die Eingewöhnung zu erleichtern, ist es günstig, ihnen zunächst nur das ihnen vertraute Futter zu geben. Falls Sie finden, dass die Ernährung zu einseitig oder unausgewogen ist, beginnen Sie nach einigen Tagen den Speiseplan schrittweise umzustellen.

TIPP

Erkundigen Sie sich beim Kauf der Possums eingehend, womit sie bisher gefüttert wurden.

Wie gewöhnt man Gleitbeutler aneinander?

Wenn Sie zwei oder mehr Gleitbeutler anschaffen, die vorher nicht zusammen untergebracht waren, ist es am günstigsten, sie gleichzeitig in den Käfig zu setzen (oder ihre Transportbehälter hineinzustellen). So hat keines der Tiere einen Heimvorteil, sondern sie begegnen einander auf neutralem Grund. Bekommen Sie die Possums im Abstand von einigen Tagen, bringen Sie den Erstankömmling am besten in einem Übergangsquartier unter, bis sein zukünftiger Mitbewohner eintrifft.

Mit zwei jungen oder einem jungen und einem ausgewachsenen Possum sollte es kaum Probleme geben, die Jungtiere werden sich freuen, in der fremden Umgebung wenigstens einen Artgenossen zu treffen. Ein älteres Tier könnte allerdings irritiert sein, wenn ihm ein

Junge Sugar Gliders dürfen bei älteren Gruppenmitgliedern mitnaschen.

gerade erst abgestilltes, wildfremdes Junges auf den Rücken zu klettern versucht – das Jungtier sollte also bereits seit einiger Zeit selbstständig sein.

Auch erwachsene Gleitbeutler lassen sich normalerweise ohne große Schwierigkeiten aneinander gewöhnen. Die Possums werden einander zwar möglicherweise in den ersten Minuten oder Stunden aus dem Weg gehen und versuchen, den Artgenossen mit Drohlauten oder -gebärden abzuwehren, doch in den meisten Fällen werden sie schon bald friedlich vereint im selben Nistkasten schlafen. Bei einem Pärchen wird das meistens rascher gehen als bei zwei gleichgeschlechtlichen Tieren. In Einzelfällen kann es aber auch vorkommen, dass zwei Gleitbeutler nichts voneinander wissen wollen. Dann müssen Sie die beiden eben getrennt unterbringen oder einen der beiden durch ein anderes Tier ersetzen.

Beobachten Sie die neu zueinander gesetzten Possums in den ersten Tagen sehr genau. Wenn es zu größeren Streitereien kommt und ein Tier ständig gejagt wird, müssen Sie es aus dem Käfig entfernen.

Richtige Unterbringung

Gleitbeutler kann man nicht frei in der Wohnung halten. Zu ihrer eigenen Sicherheit sowie zur Schonung der Einrichtung muss man sie in einem Käfig unterbringen. Es gibt im Zoohandel (noch) keine speziellen Gleitbeutlerbehausungen. Manche Käfige für andere Kleinsäuger (wie Streifenhörnchen) oder Volieren sind aber durchaus für Possums geeignet. Wer handwerkliches Geschick besitzt, kann den Käfig auch selbst bauen.

Käfiggröße

Die Literaturangaben über die Mindestgröße eines Gleitbeutlerkäfigs variieren von 50 x 50 x 76 cm für ein bis zwei Tiere in einem amerikanischen Handbuch für Gleitbeutlerbesitzer bis zu 5 m^2 Grundfläche bei 3 m Höhe für ein Tier (und für jedes weitere Gruppenmitglied zusätzlich 1 m^2) in einer australischen Broschüre. Auf jeden Fall reicht ein Rauminhalt von 1 bis 2 m^3 für zwei oder auch mehr Gleitbeutler (vorausgesetzt, die Tiere gehören zu einer Gruppe) aus. Der Käfig sollte unbedingt höher als breit und lang sein (beispielsweise 1 x 0,5 x 2 m), da die Possums als Baumbewohner gerne umherklettern und bei Gefahr nach oben flüchten. Will man den Tieren Gelegenheit zum Gleiten geben, ist natürlich ein viel größeres Gehege erforderlich. Aus Beobachtungen von Gleitbeutlern in Menschenobhut lässt sich aber

Hohe Volieren mit einem Rauminhalt von mindestens 1 m^3 und einem engmaschigen Gitter sind geeignete Gleitbeutlerbehausungen.

eher schließen, dass ihnen das Gleitfliegen kein zwingendes Bedürfnis ist. Auch wenn sie dazu die Möglichkeit haben, ziehen sie es meist vor, sich auf den Pfoten fortzubewegen. Klettern und Springen ohne zu gleiten ist während der Aktivphase die am häufigsten beobachtete Art der Bewegung.

Wesentlich kleiner als 1 m^3 sollte die Behausung jedenfalls nicht sein, da sonst die Gefahr besteht, dass bei den Tieren Verhaltensstörungen, wie Stereotypien (ständige Wiederholung derselben Bewegungen), aggressives Verhalten gegenüber Artgenossen, Auffressen der Jungen und andere Unarten auftreten. Hat man aber wirklich nur Platz für einen kleinen Käfig, sollte man den Possums zum Ausgleich täglich einen ausgiebigen Freilauf ermöglichen.

Dieser Käfig stimmt in den Proportionen, aber er sollte insgesamt wesentlich größer sein, damit die Tiere genügend Bewegungsspielraum haben und Platz für viele Kletteräste bleibt.

Art des Käfigs

Bei der Auswahl des Käfigs sind einige Punkte zu beachten:

- Die Abstände zwischen den Stäben sollten nicht mehr als 1 cm betragen; Käfige für Großpapageien haben oft gröbere Gitter und sind daher für Gleitbeutler nicht geeignet. Bei einem Rechtecksgitter ist die bei Kleinvogel-Volieren übliche Maschenweite von ca. 1 cm x 2 cm auch für Gleitbeutler zu empfehlen.
- Der Käfig sollte eine große Türe haben, durch die der Nistkasten sowie größere Äste passen, aber auch eine oder mehrere kleine Luken, durch die man das Futter hineinstellen kann (öffnet man dazu die große Türe, riskiert man, dass ein Gleitbeutler entkommt).
- Alle Öffnungen (auch solche für die Außenbefestigung von Futterschüsseln usw.) sollten sicher verschließbar sein.
- Der Käfig sollte leicht auszumisten sein. Volieren haben zum Beispiel oft eine herausziehbare Lade, Kleinsäugerkäfige eine Plastikwanne als Boden.

- Gelegentlich sollte die Gleitbeutlerbehausung total gereinigt werden. Bei größeren Käfigen geht dies leichter, wenn man sie zerlegen kann.
- Gleitbeutler urinieren auch, während sie am Gitter klettern. Will man die Wand hinter dem Käfig schützen, sollte man ein Modell mit einer festen Rückwand wählen.

Den Käfig selber bauen

Will man eine Gleitbeutlerbehausung, die an die Platzverhältnisse der eigenen Wohnung angepasst ist, baut man den Käfig am besten selbst. Den Rahmen konstruiert man aus Metall oder Holz (unbehandelt oder allenfalls mit einem garantiert ungiftigen Anstrich versehen). Schraubt man ihn aus einzelnen Pfosten und Leisten zusammen, kann man ihn später zur Reinigung leicht in seine Teile zerlegen. Man kann aber auch das Grundgerüst eines Regals verwenden. Als Bodenplatte eignet sich eine beschichtete Spanplatte, die man auf einem Sockel oder Eckfüßen montiert.

TIPP
Wenn sie den Käfig auf Rädern montieren, können Sie ihn im Bedarfsfall leicht in einen anderen Raum schieben.

Den Rahmen überspannt man mit verzinktem oder laminiertem Rechtecksgitter (Maschenweite 1 bis 1,5 cm x 1 bis 1,5 cm), das man außen befestigt. Eine Heftklammerpistole kann dabei gute Dienste leisten. Auf keinen Fall dürfen Drahtenden, Nägel usw. in das Innere des Käfigs ragen. Stellenweise kann man das Gitter auch durch beschichtete Spanplatten ersetzen, zum Beispiel an der Rückwand des Käfigs, im unteren Bereich (um zu verhindern, dass die Einstreu herausfällt) und eventuell auch auf der Höhe der Futterstelle(n). Es sollten aber noch genug Gitterflächen vorhanden sein, auf denen die Possums klettern können.

TIPP
Ein zerleg- oder fahrbarer Käfig kann zur Reinigung leicht ins Bad geschafft werden.

Eine der Käfigseiten oder ein Teil davon sollte als Türe konstruiert werden, durch die man Äste und Einstreu auswechseln kann. Auf der Höhe des Futterbrettes sollte ein kleines Türchen angebracht sein (etwa 20 cm x 20 cm), auch im Bereich des Nistkastens ist eine solche Öffnung empfehlenswert. Diese Türen verschließt man von außen mit einem Riegel. So können Sie in den Käfig greifen, ohne dass Ihnen gleich eins der Tiere entschlüpft. Rahmen und Türöffnungen dürfen natürlich keine Spalten freilassen, durch die ein Gleitbeutler entkommen könnte. Bevor man den neuen Käfig einrichtet, sollte man ihn gründlich reinigen, um Holz- und Metallstaub oder Öle, die am neuen Gitter haften könnten, zu entfernen.

Terrarien sind als Gleitbeutlerbehausung schlecht geeignet, da sie zu wenige Kletterflächen enthalten und die Glasscheiben häufig geputzt werden müssen.

Der richtige Standort

Der Käfig sollte in einem Raum aufgestellt werden, in dem es nicht allzu laut her geht – dröhnender Lärm aus der Stereoanlage könnte tagsüber den Schlaf der Gleitbeutler stören und sie nachts davon abhalten, sich aus dem Nistkasten herauszuwagen. Wenn der Käfig nicht ohnehin (fast) bis zur Decke reicht, empfiehlt es sich, ihn auf ein Möbelstück zu stellen; weiter oben fühlen sich die Possums wohler, denn als Baumbewohner ist räumliche Höhe für sie etwas Natürliches.

Die in Europa im Handel erhältlichen Gleitbeutler stammen meist aus Neuguinea, also aus tropischen Klimaverhältnissen. Sie fühlen sich bei Temperaturen zwischen etwa 18 und 24 °C wohl. Zwar können zumindest Gleitbeutler aus gemäßigten Breiten ihre Körpertemperatur (ca. 36 °C) auch bei Außentemperaturen unter dem Gefrierpunkt annähernd konstant halten, doch steigt ihr Stoffwechsel bei Kälte stark an, sie verbrauchen also mehr Energie. Kommt Nahrungsmangel hinzu, können sie in eine Art Starre verfallen. Ihre Körpertemperatur sinkt dann auf bis zu 15 °C und ihre Atmung wird langsamer. In freier Wildbahn hilft dieser „Energiesparzustand" den Tieren, Schlechtwetterperioden zu überstehen, in denen sie nicht auf Nahrungssuche gehen können. Normalerweise erwachen die Possums nach spätestens 16 Stunden wieder, wenn sie nicht schon vorher durch Geräusche oder Berührungen geweckt werden. Es dauert dann über eine Stunde, bis sie wieder ihre normale Körpertemperatur erreichen.

Gleitbeutler stellen an das Raumklima ähnliche Ansprüche wie wir. Bei Temperaturen von 18 bis 24°C und einer relativen Luftfeuchtigkeit von 50 bis 65% fühlen sie sich am wohlsten.

Haselnüsse sind zwar begehrte Leckerbissen, sollten aber wegen ihres hohen Fettgehalts nur in geringen Mengen angeboten werden.

Höhere Temperaturen können zu Hitzestress führen. Gleitbeutler schwitzen nicht richtig: Sie kühlen sich ab, indem sie ihr Fell mit Speichel befeuchten. Ihre Atmung ist dann deutlich beschleunigt. Sind sie über längere Zeit Außentemperaturen von über 38° ausgesetzt, kann dies für sie tödlich enden.

Setzen Sie Ihre Possums keinen plötzlichen Temperaturschwankungen aus. Stellen Sie den Käfig also nicht gerade neben einen Heizkörper oder direkt an ein Fenster. An sonnigen Tagen könnte es im Nistkasten rasch zu warm und im Winter beim Lüften zu kalt werden. Zugluft sollte unbedingt vermieden werden.

Direkte Sonnenbestrahlung ist für die nachtaktiven Gleitbeutler störend und kann zur Schädigung der Augen führen. Der Wechsel von Tag und Nacht ist aber als Auslöser von Schlaf- und Aktivitätsperioden wesentlich. In einem fensterlosen Raum muss eine künstliche Lichtquelle in Kombination mit einer Zeitschaltuhr den Tag-/Nachtrhythmus vorgeben. Unter solchen Bedingungen kann man durch eine allmähliche Verschiebung der Licht-/Dunkelphasen die Aktivitätszeiten der Possums verändern, wie das in Nachttierhäusern von Zoos geschieht.

In der unmittelbaren Umgebung des Käfigs muss man mit Verschmutzung durch Urin, Kot und Futter rechnen. Dieser Bereich sollte daher leicht zu reinigen sein. Günstig sind ein waschbarer Fußboden oder eine Kunststoffauflage auf dem Teppich und eine verflieste oder mit einer waschbaren Tapete verkleidete Wand.

Wer eine große Wohnung hat, kann natürlich auch einen ganzen Raum für die Gleitbeutler einrichten. Auch hier gilt: Die Wände und der Fußboden sollten leicht zu reinigen sein. Der Raum darf keine Gegenstände enthalten, an denen die Possums sich verletzen könnten. Eine Art Vorraum im Türbereich verhindert, dass die Gleitbeutler beim Öffnen der Türe entkommen können. Fenster sollten dicht schließen oder durch ein engmaschiges Gitter gesichert sein.

Das Außengehege sollte mit einem vor Wind, Regen und Kälte geschützten Innenkäfig verbunden sein, den die Possums jederzeit aufsuchen können.

In Gegenden mit mildem Klima kann man die Gleitbeutler zeitweise auch in Außengehegen halten. Besonderes Augenmerk ist auf die

Sicherheit des Käfigs zu richten: Einerseits sollten die Possums nicht entkommen können (tun sie es, sieht man sie wahrscheinlich nie wieder), andererseits sollte das Gehege raubtiersicher sein. Ein doppeltes Gitter (mit einigen Zentimetern Abstand dazwischen) schützt die Gleitbeutler vor Verletzungen durch Krallen und Zähne von Mardern oder Katzen. Ein Säckchen mit Hundehaaren (regelmäßig erneuert) wirkt vor allem auf Marder abschreckend.

Einrichtung

Nistkasten

Wild lebende Gleitbeutler verbringen den Tag normalerweise in Baumhöhlen. Wellensittich- oder Papageiennistkästen sind ein angemessener Ersatz dafür. Man kann solche Nistkästen aus unbehandeltem Holz, eventuell auch aus beschichteten Spanplatten selbst bauen. Das Eingangsloch in einer Seitenwand sollte einen Durchmesser von 4 bis 5 cm haben, damit auch tragende Weibchen bequem hinein können. Es sollte sich im oberen Teil des Kastens befinden, so dass die Jungen nicht so leicht herausfallen können. Ein unter oder neben dem Eingang befestigtes Stäbchen erleichtert den Possums das Aufsuchen des Nestes. Wenn der Deckel aufklappbar ist, ist die gründliche Reinigung einfacher und sie können ab und zu einen Blick in das Nest werfen.

Gleitbeutler, die keinen Platz im gemeinsamen Nest finden, können aus der Gruppe verdrängt werden.

Je nach Anzahl der Possums in der Gruppe sollte der Kasten zwischen 12 x 20 x 12 cm (für zwei bis drei Tiere) und 15 x 30 x 15 cm (für eine größere Gruppe) messen. Wild lebende Gleitbeutler haben in

Bieten Sie Ihren Sugar Gliders im Käfig eine Vielzahl von Kletter- und Versteckmöglichkeiten.

Ein aufklappbarer Deckel erleichtert die Reinigung des Nistkastens.

Wild lebende Gleitbeutler bevorzugen Nisthöhlen in größerer Höhe, das Possumnest sollte daher im oberen Drittel des Käfigs aufgehängt werden.

ihrem Revier meist mehrere Nester, die sie abwechselnd benutzen. Unsere Possums legen nach der ersten Aktivitätsphase meist eine Ruhepause in einem kleinen Nistkasten ein, zum Schlafen bevorzugen sie aber einen größeren. Hängen Sie also mindestens zwei Nistkästen in den Käfig.

Unsere Possums nagen mit großem Eifer im Inneren der Nistkästen herum. Vermutlich dient ein solches Verhalten der Vergrößerung einer Höhlung in einem morschen Baum, bei einem Nistkasten allerdings entstehen mit der Zeit Löcher im Boden oder in den Wänden. Sie werden also die Nistkästen immer wieder auswechseln müssen. Eine Alternative zum Holznistkasten sind Stoff- oder Jutebeutel mit kleiner Öffnung.

Nistmaterial

Gleitbeutler schlafen gerne in einem Haufen zusammengekuschelt direkt auf dem Holz des Nistkastens. Einlagen wie Heu tolerieren sie oder auch nicht – unsere Tiere werfen sie sehr rasch hinaus. Manchmal tragen Possums aber auch Nistmaterial hinein, indem sie es mit dem Schwanz umfassen. Beliebt sind belaubte Zweige und Ranken von Waldreben – doch auch dieses Material bleibt meist nicht lange im Nest. Gleitbeutler halten ihr Nest zwar weitgehend sauber, sicherheitshalber sollte man aber gelegentlich den Zustand des Nistmaterials überprüfen und es entfernen, wenn es feucht oder verschmutzt ist.

TIPP

Hängen Sie Zweige von Laubbäumen oder anderes pflanzliches Material im Käfig so auf, dass die Gleitbeutler es in den Nistkasten hineintragen können.

Kletteräste

Gleitbeutler sind Baumbewohner. Die besten „Klettergeräte" für sie sind Äste von Laubbäumen, die natürlich ungiftig sein müssen und nicht stark harzen sollten. Gut geeignet sind zum Beispiel die Äste diverser Obstbäume (Apfel, Birne, Kirsche, Pflaume) sowie solche von Weiden, Buchen oder Pappeln. Nehmen Sie keine Äste von Bäumen, die mit Spritzmitteln (Insektiziden, Fungiziden) behandelt wurden oder die hohen Konzentrationen von Abgasen aus Industrie oder Verkehr ausgesetzt waren. Sicherheitshalber sollten Sie die Äste vor der Verwendung

Durch das Herumklettern auf rauen Ästen nützen sich die Krallen der Possums auf natürliche Weise ab. So werden sie nicht zu lang und man erspart sich das umständliche Krallenschneiden.

Kletteräste dürfen ruhig verschiedene Verzweigungen und Stärken haben, so wie sie in den Bäumen auch vorkommen.

mit Wasser abspritzen. Befestigen Sie die Äste im Käfig so, dass sie nicht herunterfallen und die Possums verletzen können. In manchen Zoofachgeschäften gibt es als Volierenzubehör Asthalterungen aus Metall, doch sind auch selbstgeformte Verankerungen aus kunststoffüberzogenem Draht zur Fixierung der Äste geeignet. Im Übrigen kann man verzweigte Äste sehr fest ineinander verkeilen. Achten sie bei der Einrichtung des Käfigs darauf, dass den Gleitbeutlern auch noch Raum für Sprünge zwischen den Ästen bleibt. Gleitbeutler klettern gerne auf Seilen oder Lianen. Die Waldrebe eignet sich dafür gut.

Die Possums werden die Äste nicht nur zum Klettern benützen, sie werden auch kleinere belaubte Zweige abbeißen und vielleicht die Borke abschälen. Durch Urin und Drüsensekrete, mit denen die Gleitbeutler ihr Revier markieren, wird die Oberfläche der Äste zunehmend verschmutzt. Einen Teil der Käfigeinrichtung sollten Sie immer wieder auswechseln.

Manche Possumbesitzer lehnen die Verwendung von Naturästen aus hygienischen Gründen ab. Sie bevorzugen Holzstäbe und Kunststoffröhren mit einer glatten, leicht zu reinigenden Oberfläche. Ihre Gleitbeutler würden das aber vermutlich anders sehen!

Futter- und Wasserbehälter

Trinkwasser bietet man am besten in einer Kleintiertrinkflasche an, die außen am Käfig befestigt wird – so kann das Wasser nicht verschmutzt werden. Verwendet man eine Wasserschüssel, dann sollten sie die Gleitbeutler nicht umstoßen können. Die Futterbehälter aus Kunststoff oder Keramik kann man entweder am Gitter befestigen oder auf ein Brett stellen. Dafür eignet sich eine beschichtete Spanplatte, die von einer etwa 2 bis 3 cm hohen Holzleiste umgeben ist (so können die

TIPP

Bringen Sie oberhalb der Schüsseln keine Äste an, um eine Verunreinigung des Futters mit Kot, Urin oder Astteilen zu vermeiden.

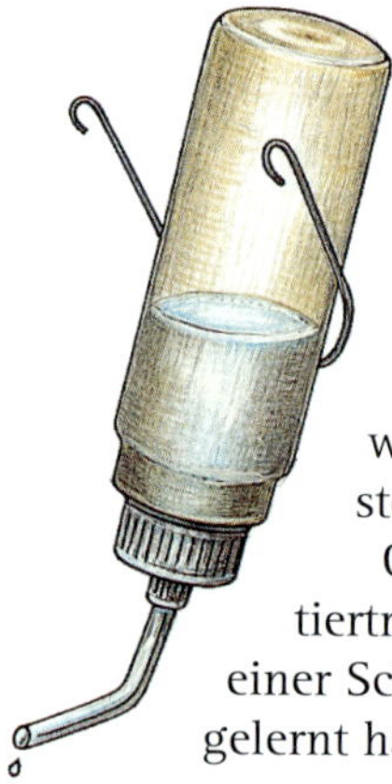

Die sauberste Methode der Wasserversorgung für die Possums: eine Nippeltrinkflasche

Futterschüsseln nicht heruntergestoßen werden). Je nach Art des verwendeten Futters wird man zwei bis drei Schüsseln brauchen, die ebenso wie der Trinkwasserbehälter täglich gereinigt werden sollten. Alle Futterbehälter sollten oben im Käfig leicht zugänglich für die Gleitbeutler angebracht werden. Für größere Possumgruppen sollten mindestens zwei Futterstellen zur Verfügung stehen.

Gleitbeutlern, die noch keine Erfahrungen mit Kleintiertränken haben, sollte man anfangs Wasser auch in einer Schüssel anbieten – und zwar so lange, bis alle Tiere gelernt haben, die Trinkflasche zu benutzen.

Einstreu

Gleitbeutler halten sich meist im Geäst auf, dennoch sollte man zur Erleichterung der Reinigung den Käfigboden mit saugfähigem Papier auslegen oder Hobelspäne, die im Tierhandel als Kleintierstreu angeboten werden, einstreuen. Auch andere Arten von Einstreu für Kaninchen oder Meerschweinchen können verwendet werden. Feinkörnige Materialien, wie Katzenstreu oder Sägemehl, sind allerdings nicht zu empfehlen. Sie könnten im Fell und an den Füßen der Possums haften bleiben und so in die Futterschüsseln gelangen.

Beschäftigungsmöglichkeiten

Spielzeug im engeren Sinne brauchen Gleitbeutler nicht, man sollte ihnen aber Gelegenheit zur Bewegung und zum Erkunden neuer Dinge geben. Kleine Leitern oder Seile werden gerne als Klettergeräte angenommen. Die Erneuerung (eines Teils) der Äste sorgt für Abwechslung. Auch das Futter kann in einer Weise dargeboten werden, die die Possums für einige Zeit beschäftigt: Lebendfutter regt die Gleitbeutler zur

Mit frischen, belaubten Äste und nektarreichen Blüten wird der Käfig immer wieder interessant für die Sugar Gliders.

Jagd an, besondere Leckerbissen kann man im Geäst verteilen.

In kleinen Käfigen kann ein Laufrad Durchmesser ca. 25 cm) für die nötige Bewegungsmöglichkeit sorgen. Es muss aber so konstruiert sein, dass sich die Possums nicht verletzen können – es sollte also keine Spalten haben.

Bei einem derartigen Laufrad besteht kaum Verletzungsgefahr für die Possums.

Reinigung des Käfigs

Gleitbeutler setzen Kot und Urin ab, während sie im Geäst und am Gitter herumklettern. Man sollte daher regelmäßig (je nach Größe des Käfigs, Anzahl der Tiere und Verschmutzungsgrad, täglich bis wöchentlich) Einstreu oder Papier auswechseln und das Brett, auf dem die Futterschüsseln stehen, feucht abwischen. Gitter und Wände des Käfigs sollten von Zeit zu Zeit geschrubbt oder abgespritzt werden. Eventuell kann man einen stark verdünnten Haushaltsreiniger oder ein Desinfektionsmittel verwenden, es dürfen davon aber keine Rückstände bleiben. Reines Wasser ist am besten. Die Gleitbeutler holt man vor dem Großputz natürlich aus dem Käfig heraus. Tagsüber geht das leicht: Man nimmt den Nistkasten, in dem sie schlafen und stellt ihn in einen kleinen Ersatzkäfig. Wenn die Possums am Abend aufstehen, sind sie bereits wieder in ihrem sauberen Heim.

Auch die Nistkästen sollten von Zeit zu Zeit gereinigt werden. Hängen Sie sie erst wieder in den Käfig, wenn sie ganz trocken sind.

Die Meinungen darüber, wie oft eine solche Totalreinigung des Käfigs notwendig ist, gehen stark auseinander. Manche Sauberkeitsfanatiker unter den Gleitbeutlerbesitzern waschen das Käfiggitter täglich ab, andere beschränken sich auf ein halbjährliches Großreinemachen. Im Großen und Ganzen tut man weder sich selbst noch den Tieren etwas Gutes, wenn man die Gleitbeutlerbehausung zu oft putzt. Eine wirklich gründliche Reinigung des Käfigs ist sehr zeitaufwändig. Es bringt aber nichts, das Gitter nur flüchtig abzuwischen – feuchter Dreck riecht nämlich intensiver als trockener und bietet auch einen besseren Lebensraum für Bakterien. Für die Possums bedeutet das Abschrubben des Gitters und der Einrichtung, dass der Käfig nicht mehr vertraut riecht. Sie werden sich erst wieder richtig zu Hause fühlen, wenn sie ihn mit ihren Drüsensekreten markiert haben. Versuchen Sie, einen vernünftigen Kompromiss zwischen Ihren Hygieneansprüchen und den Duft-Bedürfnissen Ihrer Gleitbeutler zu finden.

Je kleiner der Käfig ist und je mehr Possums darin wohnen, umso öfter wird ein Großputz notwendig sein.

Ernährung und Gesundheit

Rechte Seite: Possums bevorzugen hoch liegende Futterstellen. Diese sollten so konstruiert sein, dass die Schüsseln nicht hinuntergestoßen werden können.

Damit Gleitbeutler in menschlicher Obhut gesund bleiben, brauchen sie neben artgerechter Unterbringung, einem Sozialleben in der Gruppe, ungestörten Aktivitäts- und Ruhephasen auch Futter, das ihrer natürlichen Nahrung so weit wie möglich entspricht.

Das richtige Futter

Zusammensetzung

Kurzkopfgleitbeutler sind Allesfresser, das heißt sie ernähren sich sowohl von pflanzlicher als auch von tierischer Kost. Wild lebende Possums fressen Nektar, Pollen und Früchte verschiedener Pflanzenarten. Von den Blättern und Ästen lecken sie Manna (Säfte, die an Stellen austreten, die von Insekten verletzt wurden) sowie zuckerhaltige Ausscheidungen von Blattläusen ab. Ein wichtiger Bestandteil der Nahrung sind auch die Säfte von Eukalyptusbäumen und Akazien, an die die Gleitbeutler durch Benagen der Rinde herankommen. In den Blüten und im Laubwerk finden die Possums Insekten und Spinnen, gelegentlich erbeuten sie auch kleine Wirbeltiere, wie Eidechsen oder Jungvögel.

Einen solch idealen Speisezettel kann man seinen Heimtieren meist nicht bieten. Glücklicherweise nehmen die Gleitbeutler auch leicht verfügbare Ersatznahrungsmittel an. Das Futter für die Possums sollte reich an Kohlenhydraten sein, auch sollte es tierisches Eiweiß, Mineralstoffe und Vitamine, aber nur wenig Fett enthalten.

TIPP

Waschen Sie das Obst gründlich und schneiden Sie es in Stückchen, die die Possums in der Hand halten können.

Wichtige Quellen für Kohlenhydrate und Vitamine sind frische Früchte aller Art. Beliebt sind Äpfel (besonders süße Sorten), Birnen, Melonen, Marillen, Pfirsiche, Pflaumen, Bananen, diverse Beeren, Weintrauben, Tomaten und vieles andere. Besondere Leckerbissen sind Datteln, Feigen oder Rosinen (eventuell eingeweicht). Stark säurehaltige Obstsorten, wie Zitrusfrüchte und Kiwi, sollten nur in geringer Menge verabreicht werden. Manche Possums essen auch Karotten, Salat, Brokkoli, Gurken, Zucchini, Petersilie, Kartoffeln (gekocht), Mais, (angekeimtes) Getreide

TIPP

Obst, Brei und Lebendfutter sollten in jeweils eigenen Futterschüsseln angeboten werden.

oder Müsli (zuckerfreie Sorten). Bieten Sie ihren Gleitbeutlern verschiedene Früchte und Gemüsesorten an und beobachten Sie, welche ihnen besonders schmecken. Wal- und Haselnüsse, Sonnenblumenkerne und Avocado werden ebenfalls gerne genommen, sollten aber nur sparsam verfüttert werden, da sie viel Fett enthalten. Gleitbeutler lieben süße Nahrungsmittel. Geben Sie ihnen etwas Honig über das Obst, aber verfüttern Sie keinen reinen Zucker und auch keine Schokolade oder andere Süßigkeiten.

Tierisches Eiweiß kann in verschiedenen Formen verabreicht werden. Wir geben unseren Gleitbeutlern regelmäßig verschiedene Sorten von Babybrei (z.B. Milchbrei mit Früchten oder Grießbrei für Kinder ab vier Monaten), den man mit heißem Wasser aufgießt. Wir rühren ihn mit etwas Honig an. Verwenden Sie keine Breisorten, die mit Milch zubereitet werden; der in der Kuhmilch enthaltene Milchzucker ist für Beuteltiere schwer verdaulich. Auch Kinderfertignahrung in Gläsern (diverse Sorten) schmeckt vielen Possums. Babynahrung hat den Vorteil, dass sie alle notwendigen Mineralstoffe enthält. Zu bevorzugen sind Sorten ohne Zuckerzusatz.

Gerne nehmen die Gleitbeutler Eier (zur Vermeidung von Salmonellenvergiftungen sollten diese hart gekocht sein), Käse (magere Sorten), fettarmen Quark und Joghurt (eventuell mit Honig angerührt). Manche Tiere fressen (gekochtes) Fleisch, eventuell auch Hunde- und Katzenfutter aus der Dose. Reste von solchem Futter entwickeln allerdings einen unangenehmen Geruch und locken Fliegen an. Gelegentlich kann man ein paar Stückchen eines hochwertigen Trockenfutters für Katzen anbieten.

Mit Leckerbissen wie Mehlwürmern kann man Sugar Gliders auch tagsüber aus dem Nistkasten locken.

Selbst zwischen den Possums einer Gruppe kann es zu Streiterein um besondere Leckerbissen kommen.

Insekten können lebend verfüttert werden. Lebendfutter – Mehlwürmer, Heimchen oder Heuschrecken, eventuell auch Fliegenpuppen – kann man in vielen Zoofachhandlungen kaufen. Verfüttern Sie keine im Freien gefangenen Insekten, die Tiere könnten Parasiten übertragen oder mit Pestiziden belastet sein. Manche Gleitbeutlerhalter geben ihren Possums auch tote (Baby)Mäuse oder Eintagsküken; diese enthalten nicht nur Eiweiß, sondern – in den Knochen – auch Mineralstoffe (vor allem Kalzium und Phosphor).

Die Jagd auf umherkletternde und -hüpfende Heuschrecken ist eine interessante Beschäftigung für die Gleitbeutler.

Eine abwechslungsreiche Ernährung enthält normalerweise ausreichend Vitamine und Mineralstoffe. Wenn allerdings über längere Zeit kein frisches Obst zur Verfügung steht, kann man dem Futterbrei einige Tropfen einer für Kleinsäuger geeigneten Vitaminlösung hinzufügen.

Trächtige oder säugende Weibchen sowie Jungtiere haben einen erhöhten Kalziumbedarf, den man decken kann, indem man das Obst gelegentlich mit einem Mineralstoffpulver (z.B. Vitakalk) einstaubt, oder dem Brei etwas davon hinzufügt. In Absprache mit Ihrem Tierarzt können Sie diesen Tieren auch geringe Mengen von Vitamin D verabreichen.

Vorsicht!

Ein Zuviel an Vitaminen ist ebenso schädlich wie Vitaminmangel (dies gilt besonders für Vitamin A).

Für eine Zophobas-Larve tut ein Sugar Glider fast alles!

Auch wenn man viel saftiges Obst verfüttert, sollten die Gleitbeutler jederzeit Zugang zu frischem Trinkwasser haben. Geben Sie Ihren Heimtieren nur Wasser, das Sie selbst auch trinken würden. Lassen Sie Leitungswasser etwas abstehen, damit das Chlor entweichen kann.

Futtermenge

Der Nahrungsbedarf der Possums kann ohne ersichtliche Ursachen schwanken. Es wird also immer wieder nötig sein, die Nahrungsmenge auf die Bedürfnisse der Tiere abzustimmen.

Allgemeine Angaben über die pro Gleitbeutler erforderliche Futtermenge zu machen ist schwierig, da diese von einer Reihe von Faktoren beeinflusst wird: Muttertiere brauchen mehr Futter (besonders Eiweiß und Mineralstoffe) als kinderlose Possums, Jungtiere im Wachstum haben ebenfalls einen erhöhten Nahrungsbedarf. Die folgenden Angaben sind daher nur als Richtwert zu verstehen. Pro Gleitbeutler täglich etwa 1 bis 2 gestrichene Teelöffel Babybreipulver mit Wasser angerührt, dazu 5 bis 10 g gemischtes Obst und mehrmals pro Woche ein bis zwei Mehlwürmer oder andere Insekten pro Tier, erscheint der Erfahrung nach die richtige Menge, um die Tiere bei guter Figur zu halten. Wenn das Futter bis zum Morgen völlig aufgegessen ist, bieten Sie am nächsten Abend etwas mehr an. Wiederholen Sie diesen Vorgang, bis eine kleine Menge übrig bleibt. Wenn die Nahrung zu knapp bemessen ist, könnten die rangniederen Tiere in der Gruppe zu kurz kommen.

Ähnlich wie Menschen bevorzugen Gleitbeutler nicht unbedingt die Nahrung, die gesund für sie ist. Sie würden von fetthaltigem Futter wie Nüssen, Avocados, Eiern, Mehlwürmern und Süßem mehr fressen als ihnen gut tut. Dies würde nach einiger Zeit zu Fettleibigkeit, aber auch zu Mangelerscheinungen führen. Solche Nahrungsbestandteile müssen

Bei am Boden stehenden Schüsseln kann das Futter leicht durch Einstreu verunreinigt werden.

Weibchen legen Fettreserven für das Austragen und Säugen der Jungen an. Diese sind also kein Zeichen für Überfütterung!

also strikt rationiert werden! Wenn Sie merken, dass Ihre Gleitbeutler an Gewicht zulegen, setzen Sie sie auf Diät: Geben Sie ihnen mehr Obst, dafür weniger Brei und fetthaltige Nahrung.

Bei wild lebenden Possums unterliegt das Gewicht zumindest in gemäßigten Klimabereichen jahreszeitlichen Schwankungen. Weibchen nehmen zu Beginn der Fortpflanzungssaison zu, ihr Höchstgewicht erreichen sie aber erst nach dem Abstillen der Jungen. Bei Männchen kommt es während der Paarungszeit zu einem Gewichtsverlust. Bei tropischen Tieren oder in Gefangenschaft sind diese Schwankungen weniger ausgeprägt. Es wäre dennoch übertrieben, das Gewicht der Possums durch regelmäßiges Abwiegen der Tiere genau zu überwachen. Verlassen Sie sich auf Ihr Augenmaß.

Fütterungszeit

Nachtaktive Tiere wie die Gleitbeutler füttert man am besten abends. Stellt man das Futter bereits früher in den Käfig, trocknen Brei und Obst an, außerdem könnten Ameisen, Wespen und Fliegen angelockt werden. Ist man mit dem Füttern spät dran, warten die Possums schon an der Käfigtüre und die Gefahr, dass eines beim Hineinstellen des Futters entkommt, ist groß. Dies kann man vermeiden, indem man die Schüsseln kurz vor dem Erwachen der Gleitbeutler in den Käfig stellt.

Richtig untergebrachte und ernährte Possums werden selten krank!

Gesundheit

Bei richtiger Haltung sind Gleitbeutler keineswegs anfällig für Krankheiten. In all den Jahren, in denen wir Possums gehalten haben, wurde keines der Tiere krank. Wenn Sie Fehler in der Unterbringung und Ernährung vermeiden, werden Sie mit großer Wahrscheinlichkeit gesunde Gleitbeutler haben.

Mögliche Krankheitsursachen

Eine unausgewogene Ernährung kann zu Mangelerscheinungen führen. Ein von amerikanischen Possumhaltern häufig erwähntes Problem ist eine unzureichende Versorgung mit Kalzium. Viele Früchte enthalten Kalzium und Phosphor in einem für Gleitbeutler ungeeigneten Verhältnis (Ausnahmen sind beispielsweise Papayas und getrocknete Feigen), die Tiere nehmen daher zu wenig Kalzium auf. Infolgedessen kann es zu Lähmungserscheinungen kommen, die entweder einzelne Gliedmaßen oder fast den ganzen Körper betreffen. Die Anfälligkeit für Knochenbrüche nimmt zu, eventuell treten auch Knochenverformungen auf.

Die Verfütterung von Babynahrung, die ja reich an Vitaminen und Mineralstoffen ist, beugt diesem Problem vor. Wir kennen keinen einzigen Fall von Kalziummangelerscheinungen bei Possums, die regelmäßig Babybrei bekommen.

Stark säurehaltige Früchte (Zitrusfrüchte, Kiwis) können Durchfall verursachen und sollten daher nur in geringen Mengen gegeben werden. Auch Kuhmilch könnte auf Grund der enthaltenen Laktose (Milchzucker) zu Verdauungsstörungen führen. Gleitbeutler vertragen zwar Laktose besser als viele andere Beuteltierarten, man sollte aber kein Risiko eingehen. Verfüttern Sie keine reine Kuhmilch, sondern nur Milchprodukte wie Käse oder Joghurt. Hier ist der Laktosegehalt niedriger und der Milchzucker liegt in einer leichter verdaulichen Form vor.

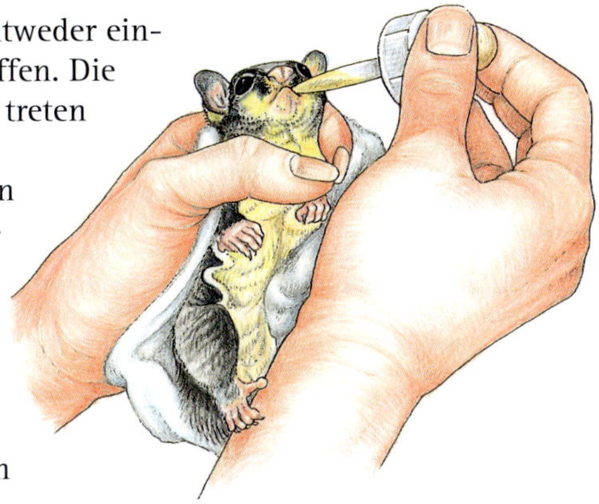

Kranken Possums kann man mit Hilfe einer Pipette die vom Tierarzt empfohlenen Medikamente oder Futterzusätze verabreichen.

Krankheiten

Stress in jeder Form führt zu einer erhöhten Anfälligkeit für Krankheiten. Er kann durch eine Reihe von Faktoren, wie zum Beispiel starken Lärm, häufige Störungen während der Ruhephasen, einen zu kleinen Käfig, Streitereien mit Artgenossen und Ähnliches mehr verursacht werden. Alle diese Stressoren lassen sich durch richtige Haltung vermeiden!

Parasiten

Gleitbeutler werden nur selten von Parasiten befallen. Es kann aber nichts schaden, Wildfänge auf Darmparasiten untersuchen zu lassen – man weiß ja nicht, unter welchen Bedingungen die Tiere gefangen und transportiert wurden. Bringen Sie eine frische Kotprobe zu einem Tierarzt. Falls er Hinweise

Gesunde Sugar Gliders sind aktiv und an ihrem Futter interessiert.

TIPP
Zögern Sie nicht , zum Tierarzt zu gehen, wenn Sie den Verdacht auf Parasitenbefall bei Ihrem Sugar Glider haben.

auf Parasiten findet, wird er Ihnen Tipps zu deren Bekämpfung geben können.

Achten Sie beim täglichen Umgang mit den Possums auf den Zustand des Fells. Kahle Stellen oder winzige Wunden können ein Anzeichen für einen Befall mit Außenparasiten (wie Milben) sein. Fragen Sie Ihren Tierarzt um Rat. Gelegentlich verirrt sich vielleicht ein Hunde- oder Katzenfloh auf einen Gleitbeutler. Da diese Blutsauger aber artspezifisch sind, werden sie sich hier nicht vermehren.

Verletzungen

In der Gruppe verhalten sich Gleitbeutler normalerweise friedlich, bei hoher Dichte oder durch das Dazusetzen eines fremden Tieres kann es aber zu blutigen Auseinandersetzungen kommen. Große, offene Wunden sollten vom Tierarzt versorgt werden. Kleinere Verletzungen verheilen in der Regel von selbst. Desinfektionsmittel, die für menschliche Patienten bestimmt sind, schaden eventuell mehr als sie nützen. Beim Belecken der Wunde nehmen die Possums diese Substanzen auf, die ja nur für die äußere Anwendung gedacht sind – und das ist nicht unbedingt gesund für sie.

Kastration

Wenn Sie Gleitbeutler verschiedenen Geschlechts zusammenhalten, aber (weiteren) Nachwuchs vermeiden wollen, können Sie die Männchen kastrieren lassen. Es ist ja zum Beispiel nicht wünschenswert, dass sich nahe verwandte Tiere (Geschwister oder Eltern und Kinder) miteinander fortpflanzen. Bei kastrierten Männchen sind die Duftdrüsen kaum aktiv, dementsprechend ist ihr Geruch auch weniger markant.

Hinweis!

Nach der Behandlung durch den Tierarzt muss das Possum eventuell von Neuem in die Gruppe integriert werden.

Lassen Sie die Kastration nur von einem Tierarzt durchführen, der Erfahrung mit exotischen Kleinsäugern hat. Eine Gasnarkose wird von einem Gleitbeutler normalerweise gut vertragen, von anderen Narkosemethoden ist eher abzuraten.

Krallen schneiden?

Wenn die Possums die Möglichkeit haben, auf Ästen herumzuklettern, nützen sich die Krallen von selbst ab. Nur in Ausnahmefällen könnte es nötig sein, sie zu kürzen. Halten Sie den Gleitbeutler dazu sehr fest (Sie können das Tier zum Beispiel in einen luftdurchlässigen Stoff

wickeln) und schneiden Sie die helle Spitze der Kralle mit einer Spezialschere, wie sie im Tierhandel erhältlich ist, ab. Vermeiden Sie es, das Blutgefäß zu verletzen, das im Inneren der Kralle als dunkle Linie sichtbar ist.

Das richtige Körpergewicht erleichtert nicht nur den Gleitflug, sondern erhöht auch die Lebenserwartung.

Alter

Kurzkopfgleitbeutler werden in der Natur meist nur etwa drei bis fünf Jahre alt, einzelne Tiere können aber auch wesentlich älter werden. In menschlicher Obhut können die Possums durchaus ein Alter von mehr als zehn Jahren erreichen, der Rekord liegt bei 15 Jahren. Erwarten Sie aber nicht, dass alle Ihre Gleitbeutler an diesen Rekord herankommen werden, sondern rechnen Sie mit einer durchschnittlichen Lebenserwartung von sechs bis zehn Jahren. Damit ersparen Sie sich unnötige Enttäuschungen.

Wenn Ihre Possums in die Jahre kommen, wird wie bei fast allen älter werdenden Kleinsäugern das Fell weniger glänzen, die Tiere werden etwas abmagern und ihre Aktivität wird nachlassen. Sie können sich aber noch bis kurz vor ihrem Lebensende fortpflanzen.

Gleitbeutler als Heimtiere

Rechte Seite: Gleitbeutler gewöhnen sich problemlos an eine schwache Beleuchtung während ihrer Aktivitätszeit.

Gleitbeutler zu beobachten und sich mit ihnen zu beschäftigen macht viel Freude. Je mehr man über die Lebensweise und das Verhalten seiner Heimtiere weiß, umso eher wird man sie artgerecht halten können.

Verhaltensweisen

Aktivitätszeiten

TIPP

Gleitbeutler sollte man nie einzeln halten.

Den Tag verbringen Gleitbeutler schlafend in ihrem Nest, sie stehen allenfalls kurz auf um ihre Blase zu entleeren. Mit Anbruch der Dunkelheit verlassen sie ihren Schlafplatz und gehen auf Nahrungssuche. In dieser ersten Wachphase sind sie meist besonders aktiv. Im Laufe der Nacht legen sie dann immer wieder Ruhepausen in einem der Nistkästen ein. Gegen Morgen folgt oft ein weiterer Aktivitätsgipfel, bevor die Possums so nach und nach im Nistkasten verschwinden. Wir kennen allerdings auch Gleitbeutler, die morgens erst schlafen gehen, nachdem ihre Besitzer ihnen einen Mehlwurm gegeben haben.

Nehmen Sie Rücksicht auf den Aktivitätsrhythmus Ihrer Possums und versuchen Sie nicht, sie mitten am Tag aus dem Nistkasten zu holen.

Wenn Sie Ihre Possums in einem fensterlosen Raum halten, sollten Sie durch eine künstliche Lichtquelle (eventuell mit Dimmer), die mit einer Zeitschaltuhr verbunden ist, für den Tag-/Nachtrhythmus sorgen. Dies gibt Ihnen die Möglichkeit, die Aktivitätszeiten der Gleitbeutler zu beeinflussen und auf Ihre eigenen abzustimmen. Die Länge der Dunkelphase sollte etwa zwischen 10 und 14 Stunden betragen. Ein Rhythmus von je 12 Stunden Dunkelheit und Licht entspricht den natürlichen Verhältnissen in tropischen Gebieten.

Sozialverhalten

Gleitbeutler sind soziale Tiere, das heißt sie leben meist in Paaren oder Gruppen von bis zu sieben (selten bis zu 12) erwachsenen Tieren mit ihren Jungen verschiedenen Alters. Zwar findet man in freier Wild-

Jungtiere, die zu groß für den Beutel sind, werden auf dem Rücken mitgetragen.

bahn auch immer wieder Einzeltiere, doch handelt es sich dabei oft um jüngere Possums, die aus ihrer Stammgruppe verdrängt wurden. Wenn sie lange genug überleben, schließen sie sich später einem oder mehreren Artgenossen an.

Im Süden des Verbreitungsgebietes, wo die Nahrung mitunter recht knapp ist und der Fortpflanzungserfolg von der Kooperation in der Gruppe abhängt, leben mehrere Weibchen mit einem (oder auch mehreren) Männchen zusammen. In den (sub)-tropischen Gebieten, wo das ganze Jahr über kein Nahrungsmangel herrscht, sind die Gleitbeutler eher monogam (das heißt, ein Männchen und ein Weibchen leben – zumindest für einige Zeit – zusammen). Der Größenunterschied zwischen den Geschlechtern ist dort deutlicher ausgeprägt, da die Männchen mehr Energie in das Wachstum investieren können und zudem untereinander stärker konkurrieren.

In einer größeren Gruppe überwiegen normalerweise die Weibchen. Sind mehrere Tiere eines Geschlechts vorhanden, bildet sich unter ihnen eine Rangordnung aus. Das ranghöchste Männchen erkennt man auch an der ausgeprägten Stirndrüse, mit der es die anderen Gruppenmitglieder markiert. Es ist aktiver als rangniedere Männchen, bei Auseinandersetzungen um das Futter gewinnt es meist. Auch bei der Fortpflanzung ist es erfolgreicher. Im Freiland paaren sich Weibchen gelegentlich auch mit Männchen aus anderen Gruppen und Junge eines Wurfes können verschiedene Väter haben.

Wenn mehrere Weibchen einer Gruppe annähernd gleichzeitig paarungsbereit werden, kommt das dominante Männchen einige Tage lang kaum zum Fressen. Zu Beginn der Paarungssaison verliert es deshalb an Gewicht und das kann zu einem Wechsel in den Dominanzverhältnissen führen. Bei Heimtieren wird das auch in großen Gruppen kaum der Fall sein, weil sie nicht so viel Zeit und Energie für die Nahrungssuche verwenden müssen.

Eine Gleitbeutlergruppe besteht normalerweise aus ein bis drei Männchen und ein bis fünf Weibchen, doch kommen auch Gruppen vor, in denen die Männchen überwiegen.

In Gefangenschaft bilden sich in Gruppen mit mehreren Männchen, die womöglich willkürlich zusammengesetzt wurden, „Dominanzkoalitionen" aus nahe verwandten Tieren (beispielsweise Vater und Sohn). Diese unterdrücken gemeinsam die rangniederen Männchen, sind untereinander aber sehr friedlich. Sie putzen sich gegenseitig und teilen das Futter,

Die gemeinsame Benutzung eines Nistkastens ist wesentlich für den Zusammenhalt einer Gruppe.

den Nistkasten und die Weibchen. Die rangniederen Männchen halten von ihnen Abstand und benützen andere Schlafplätze. Solche Probleme lassen sich vermeiden (vorausgesetzt, der Käfig ist nicht allzu klein), wenn alle Männchen der Gruppe nahe miteinander verwandt sind.

Gegenüber Jungtieren sind die erwachsenen Gleitbeutler normalerweise recht tolerant. Ein Junges kann es sich erlauben, einem älteren Tier – auch dem dominanten Männchen – einen besonderen Leckerbissen wegzuschnappen. Auf diese Art lernen die Kleinen geeignete Futterpflanzen und -tiere kennen. Unsere Gleitbeutlerjungen sind gegenüber unbekanntem Futter äußerst misstrauisch, erst wenn sie sehen, dass ein erwachsenes Tier daran frisst, kosten auch sie davon.

Gleitbeutler werden mit 8 bis 14 Monaten geschlechtsreif. Etwa in diesem Alter verlassen in der Natur viele Jungtiere die Gruppe. Junge Männchen wandern unter natürlichen Bedingungen meist ab, in Gefangenschaft können sie eventuell über Jahre in der Gruppe verbleiben, ohne dass es zu größeren Streitereien kommt. Stirbt das einzige Männchen einer Gruppe, wird es durch ein oder mehrere gruppenfremde Tiere ersetzt. Oft handelt es sich dabei um ein- bis zweijährige Auswanderer aus benachbarten Territorien. Etwas anders ist die Situation bei den Weibchen: Gelegentlich bleiben sie auch nach dem Erreichen der Geschlechtsreife in der Gruppe, insbesondere wenn durch den Tod eines alten Weibchens gewissermaßen eine Stelle freigeworden ist. Durch den häufigen Wechsel der Männchen einer Gruppe – im Durch-

Ein neuer Nistkasten muss sofort erkundet werden.

schnitt halten sie sich nur etwa zwei Jahre lang – kommt es kaum dazu, dass ein Vater sich mit den eigenen Töchtern paart. Inzucht ist daher eher selten.

Die Mitglieder einer Gruppe sind normalerweise untereinander sehr friedlich. Zu Auseinandersetzungen kommt es am ehesten während der Paarungszeit. Diese sind auch der Auslöser für das Abwandern der vorjährigen Jungtiere. Gelegentlich gibt es kurze, von Drohlauten oder Pfotenschlagen begleitete Streitereien um besondere Leckerbissen, das rangniedere Tier wird sich aber rasch zurückziehen oder seine Unterwerfung anzeigen, indem es sich auf den Rücken wirft.

Ein neues Possum in der Gruppe

Gegen gruppenfremde Artgenossen – zumindest gegen solche gleichen Geschlechts – verhalten sich Gleitbeutler oft sehr aggressiv. Dringt ein fremdes Possum ins Territorium ein, wird es angegriffen und verjagt. Besonders vehement werden im Freiland die saftliefernden Futterbäume verteidigt. Nur durch rasche Flucht kann der Eindringling einen Kampf vermeiden.

Im Käfig hat ein Possum, das man zu einer etablierten Gruppe (oder einem Pärchen) dazusetzt, diese Möglichkeit nicht. Es kann daher zu heftigen Kämpfen kommen, bei denen die ineinander verkrallten Gleitbeutler ein regelrechtes Knäuel bilden und einander schwere Bisswunden zufügen. Dabei kann es recht lautstark zugehen. Rechnen Sie nicht damit, dass die Tiere sich „schon zusammenraufen“ werden. Das passiert nur in Ausnahmefällen. Das gruppenfremde Possum wird immer wieder den Angriffen der alteingesessenen Gleitbeutler ausgesetzt sein, es wird wenig Gelegenheit haben zu fressen und nicht in den gemeinsamen Nistkasten hineingelassen werden. Der Stress, dem es dadurch ausgesetzt ist, kann zu seinem Tod führen, selbst wenn es bei den Beißereien nur leichte Verletzungen davongetragen hat.

Ein Gleitbeutler, der über mehrere Tage von seiner Gruppe isoliert war, wird wie ein gruppenfremdes Tier behandelt.

Wenn Sie ein fremdes Possum in eine Gruppe integrieren oder zwei Gruppen zusammenführen wollen, müssen Sie erreichen, dass alle Tiere denselben **Sippengeruch** annehmen. Am besten geht dies mit folgender, zugegebenermaßen etwas aufwändigen Methode: Konstruieren Sie einen zweiteiligen Käfig mit einem Nistkasten, der durch ein sehr engmaschiges Trenngitter ebenfalls zweigeteilt ist und zwei Eingänge besitzt. Befestigen Sie den Nistkasten so im Käfig, dass jeder der Eingänge von einer der beiden Käfighälften aus zugänglich ist. Setzen Sie nun in jeden Käfigteil eine der beiden Possumgruppen. Wenn Sie den Tieren keine andere Schlafmöglichkeit bieten, sind sie gezwungen, den Nistkasten gemeinsam zu benützen. Nach einigen Tagen sollten alle Tiere einen gemeinsamen Geruch angenommen haben. Nun kann man es riskieren, sie zusammenzulassen. Beobachten Sie aber anfangs genau, ob die Gleitbeutler sich wirklich vertragen und wiederholen Sie die Prozedur nötigenfalls.

Eine andere Möglichkeit ist es, die beiden Gruppen zunächst in benachbarten Käfigen zu halten und die Nistkästen öfter auszutauschen. Nach einigen Tagen können Sie die Tiere auf neutralem Boden zusammensetzen – seien Sie aber bereit, im Notfall einzugreifen!

Duftmarkierung

Die Mitglieder einer Gruppe erkennen einander in erster Linie am Geruch. Das dominante Männchen markiert die anderen Tiere der Gruppe mit den Sekreten seiner Stirndrüse. Es umgreift das andere Possum dabei mit den Händen und reibt die Drüsenregion an seiner Bauch- oder Halsseite ab. Das Fell der Weibchen und Jungtiere bekommt dadurch eine gelblich-braune Färbung. Auch mit der Brustdrüse werden Artgenossen eingerieben. Beim gegenseitigen Putzen wird zudem der Speichelgeruch übertragen. Neben dem Gruppengeruch haben die Possums auch einen individuellen Körpergeruch, an dem die Tiere einander persönlich erkennen.

Jungtiere erkennen nach dem Verlassen des Beutels ihre eigene Mutter aufgrund des Geruchs der Beuteldrüsen. Mit etwa drei Monaten

Die Sekrete der Stirndrüse des Männchens dienen zur Markierung der Gruppenmitglieder.

können sie zwischen gruppeneigenen und -fremden Artgenossen unterscheiden; gegenüber letzteren zeigen sie Abwehrverhalten. Erst später lernen sie die Tiere ihrer Gruppe individuell kennen.

Das Territorium wird vor allem vom dominanten Männchen mit Sekreten der Brustdrüse markiert. Es reibt dazu mit seiner Unterseite über Äste oder andere Gegenstände. Auch Harn kann zur Reviermarkierung dienen.

Beide Geschlechter besitzen Drüsen im Kloakenbereich, deren Sekrete unter anderem bei Auseinandersetzungen oder Gefahr abgegeben werden. Sie scheinen der Abwehr zu dienen.

Lautäußerungen

Neben Duftmarken spielt auch die akustische Verständigung eine wichtige Rolle im Sozialleben der Gleitbeutler. Ein schrilles Kläffen (ähnlich wie von einem kleinen Hund) warnt die anderen Gruppenmitglieder vor Gefahren wie Eulen oder Katzen. Unsere Possums kläffen mitunter, wenn sie durch ein unbekanntes Geräusch erschreckt wurden.

Auf Störungen im Nest reagieren die Gleitbeutler mit einer langgezogenen Lautfolge, die an einen Startversuch mit einer leeren Autobatterie erinnert. Es ist wirklich erstaunlich, dass so ein kleines Tier ein derart lautes, erschreckendes Geräusch hervorbringen kann. Eine kürzere Variante davon hört man manchmal auch von Possums, die sich außerhalb des Nestes bedroht fühlen (beispielsweise können noch nicht zahme Tiere so auf die Annäherung des Pflegers reagieren). In Auseinandersetzungen mit Artgenossen stoßen Gleitbeutler eine Art scharfen Schrei aus. Junge Gleitbeutler, die hungrig sind oder den Kontakt zur Mutter verloren haben, rufen mit einem Verlassenheitslaut um Hilfe, der wie ein zartes „Pfft“ klingt.

Wie werden Possums zahm?

Je mehr Sie sich mit Ihren Gleitbeutlern beschäftigen, desto zutraulicher werden diese. Einzeln gehaltene Tiere brauchen unbedingt die tägliche Zuwendung eines Menschen, sie verkümmern sonst. Bieten Sie anfangs durch das Gitter kleine Leckerbissen an, damit die Tiere Sie mit angenehmen Erlebnissen assoziieren. Vorsicht, ein Possum könnte auch den Finger „probieren“ wollen oder ihn mit dem Leckerbissen verwechseln! Später können sie die Gleitbeutler aus dem Käfig heraus und auf sich umherklettern lassen. Bedenken Sie, dass Possums scharfe Krallen haben. Wenn sie auf Ihrem Kopf herumklettern oder Ihnen ins Gesicht springen, kann das ganz schön schmerzhaft sein.

> **TIPP**
> Rascheln Sie in der Nähe des Käfigs nicht mit Papier – dies könnte bewirken, dass Ihre Gleitbeutler panisch in die oberste Käfigecke flüchten.

Ein wirklich zahmer Gleitbeutler kommt von selbst zu Ihnen und lässt sich auch in die Hand nehmen. Tiere, die Sie erst ausgewachsen bekommen haben, werden sich aber vielleicht auch nach Monaten noch dagegen wehren und Sie eventuell sogar beißen. Possumbisse sind zwar schmerzhaft, bluten aber kaum und verheilen sehr rasch. Sicherheitshalber sollten Sie die Wunde desinfizieren. Vermeiden Sie es, das Possum am Schwanz festzuhalten, die Haut könnte sich ablösen und das würde zum Absterben des Schwanzes führen.

Jungtiere können Sie aus dem Nistkasten herausnehmen, wenn sie etwa drei Monate alt sind. Zahme Gleitbeutler haben meist nichts dagegen, wenn der ihnen vertraute Pfleger eines der Jungen in die Hand nimmt. Falls das Baby aber einen Hilferuf ausstößt, könnte es schon passieren, dass einer der Elternteile es zu verteidigen versucht. Im Dunkel der gewölbten Hand wird sich das Kleine rasch beruhigen und Sie schon bald als „Familienmitglied“ akzeptieren.

> Auch wenn Sie ein vollkommen zahmes Possum besitzen, das sich stundenlang von Ihnen herumtragen lässt, nehmen Sie es niemals ins Freie mit. Zu leicht könnte es bei einem Geräusch davonspringen und auf Nimmerwiedersehen verschwinden.

Freilauf in der Wohnung

Vor- und Nachteile

Regelmäßiger Freilauf ist besonders für Gleitbeutler, die in kleinen Käfigen gehalten werden, eine Gelegenheit, ihren Bewegungsdrang auszuleben. Die Erforschung eines größeren Raumes bringt etwas Abwechslung in ihr Leben. Es ist auch für den Besitzer interessant, die Possums bei ihren Erkundungsgängen in der Wohnung zu beobachten. Mit einem freilaufenden Gleitbeutler kann der menschliche Pfleger Kontakt aufnehmen, ohne dass ein störendes Gitter dazwischen ist. Wer seine Possums nicht in einer riesigen Voliere hält, wird nur während des Freilaufs Gelegenheit haben, das Gleitfliegen zu beobachten.

Zu bedenken ist allerdings, dass Possums kleinere Gegenstände umstoßen oder von einem Regal herunterwerfen können. Bringen Sie also alle zerbrech-

> **Achtung!**
> Lassen Sie Ihre Gleitbeutler während des Freilaufs nie unbeaufsichtigt!

lichen Dinge in Sicherheit. Kot und Harn, den die Tiere während des Herumlaufens abgeben, sind von manchen Möbelstücken schwer zu entfernen. Die Possums wollen den Freilauf vielleicht nicht gerade dann beenden, wenn Sie es für angebracht halten. Es kann mitunter recht schwierig sein, sie alle wieder in den Käfig zu bekommen. Wenn Sie die Tiere vorher nicht füttern, werden sie eher bereit sein, in den Käfig, in dem die volle Futterschüssel steht, zurückzukehren.

Gefahrenquellen

Bevor Sie die Possums aus dem Käfig lassen, sollten Sie den Raum auf mögliche Gefahren für die Tiere überprüfen. Schließen Sie Türen und Fenster, um zu verhindern, dass die Gleitbeutler ins Freie entkommen. Sie hätten kaum eine Chance, längere Zeit zu überleben.

Unterschätzen Sie Ihre Possums nicht: Es gibt kaum einen Platz, den sie nicht erreichen können.

In offenen Wasserbehältern wie Vasen, Gießkannen, Aquarien, aber auch Toiletten können Gleitbeutler ertrinken. An heißen Gegenständen wie Bügeleisen, Kerzen, Herden oder Öfen können sie sich schwere Verbrennungen zuziehen. Überprüfen Sie die Einrichtung auf für Sie unzugängliche Spalten, in denen die Tiere stecken bleiben oder sich vor Ihnen verbergen könnten.

Entfernen Sie alle Pflanzen aus dem Freilaufraum. Sie würden schwer in Mitleidenschaft gezogen werden, wenn die Possums auf ihnen herumklettern und sie beknabbern. Viele Zimmerpflanzen und Schnittblumen sind übrigens giftig! Lassen Sie außerdem keine potenziell gefährlichen Substanzen wie Alkohol, Zigaretten und deren Asche, Medikamente, Kosmetika oder Putzmittel herumstehen oder -liegen. Die Gleitbeutler könnten davon probieren und die Folgen wären möglicherweise tödlich. Schon viele Kleinsäuger sind beim Freilauf unbeabsichtigt von ihren eigenen Besitzern zerdrückt oder zertreten worden. Behalten Sie daher die „Freigänger“ unbedingt im Auge!

Wenn ein Possum entkommt

Wenn ein Gleitbeutler während der Fütterung entwischt und Sie ihn nicht gleich wieder einfangen können, beseitigen Sie alle oben genannten Gefahrenquellen. Schließen Sie auf jeden Fall zuerst Fenster und Türen! Falls das Tier noch nicht zahm ist, ziehen Sie eventuell Lederhandschuhe an, bevor Sie versuchen, es zu packen.

Haben Sie versehentlich die Käfigtüre einige Zeit offen gelassen, überprüfen Sie, ob eines der Possums fehlt. Wenn ja, sichern Sie alle Räume, in denen es sich befinden könnte. Bewegen Sie sich in der Wohnung nur vorsichtig, verrücken Sie nach Möglichkeit keine Möbel und schließen Sie Türen nur, wenn Sie sicher sind, dass kein Gleitbeutler im Weg ist. Stellen Sie über Nacht einen vertrauten Nistkasten auf oder hängen Sie ihn außen an den Käfig – mit etwas Glück schläft der Ausreißer am nächsten Morgen friedlich darin.

TIPP

Überprüfen Sie immer, ob Sie die Käfigtüre gut verschlossen haben.

Gleitbeutler flüchten ins Dunkle.

Mit anderen Heimtieren

Wild lebende Gleitbeutler erbeuten gelegentlich Jungvögel oder kleine Säugetiere. Falls Sie kleinere Nagetiere oder Vögel halten, stellen Sie sicher, dass frei laufende Possums auf keinen Fall in deren Käfige eindringen können. Größere Tiere (zum Beispiel Papageien) hingegen könnten die Gleitbeutler

Die gemeinsame Haltung verschiedener Tierarten bringt eine Reihe von Problemen bezüglich Einrichtung und Reinigung des Käfigs mit sich. Wenn Sie die Möglichkeit haben, Ihre Heimtiere getrennt unterzubringen, tun Sie es.

Bei Störungen flüchten Sugar Gliders nach oben.

verletzen. Sorgen Sie dafür, dass sie einander nicht zu nahe kommen.

Hund und Katze

Ein kleines, sich rasch bewegendes Tier wie ein Gleitbeutler könnte den Jagdtrieb einer Katze oder eines Hundes wecken. Selbst wenn Sie überzeugt sind, dass Ihre Katzen oder Hunde genau wissen, dass sie kleinere Hausgenossen nicht anrühren dürfen, sollten Sie sie nie ohne Aufsicht zusammen lassen.

Katzen oder Hunde, die während der Aktivitätszeit der Possums am Käfiggitter hoch springen und versuchen, mit den Pfoten an die Insassen heran zu kommen oder nach ihnen zu schnappen, sollten Sie zur Vermeidung von Stress und Verletzungsgefahr für die Gleitbeutler aus dem Zimmer entfernen.

In Gemeinschaft mit anderen Arten

Große Käfige verleiten dazu, mehrere Tierarten gemeinsam halten zu wollen. Bei Beachtung einiger Grundregeln ist dies, wie unsere Erfahrungen zeigen, auch durchaus möglich. Setzen Sie keine tag- und nachtaktiven Arten zusammen, sie würden einander in ihrer Schlafruhe stören. Klettertiere wie zum Beispiel Gleithörnchen nutzen den Käfig in einer ähnlichen Weise wie Possums, die Tiere würden einander ständig in die Quere kommen.

Bewährt hat sich die Gemeinschaftshaltung von Gleitbeutlern mit bodenlebenden Kleinsäugern wie Meerschweinchen, Zwergkaninchen, Igeln oder auch Wühlmäusen. Mit potenziellen Beutetieren wie Vögeln, Echsen und kleinen Mäusen sollte man die Possums nicht im selben Käfig unterbringen.

Gleitbeutler züchten

Rechte Seite: Ein Pärchen genügt, um eine Zuchtgruppe zu gründen.

Hält man verschiedengeschlechtliche Gleitbeutler im fortpflanzungsfähigen Alter zusammen, wird es früher oder später Nachwuchs geben. Überlegen Sie sich rechtzeitig, ob Sie das wollen. Die ersten Jungen können ja in der Gruppe verbleiben – aber wenn es immer mehr werden, muss man sich schließlich doch von einigen trennen. Geeignete Abnehmer für solche Tiere zu finden ist der Erfahrung nach nicht immer leicht.

Zuchtgruppe

Wollen Sie wirklich Gleitbeutler züchten, so sollten Männchen und Weibchen einer Gruppe nach Möglichkeit nicht nahe verwandt sein. Zwar pflanzen sich auch Geschwister oder Eltern und Kinder miteinander fort, doch besteht bei Inzucht ein erhöhtes Risiko für Erbkrankheiten und allgemein schwächere Nachzuchttiere, wenn über mehrere Jahre keine fremden Tiere eingekreuzt werden.

Wenn Sie eine Zuchtgruppe zusammenstellen, gewöhnen Sie die Weibchen aneinander, bevor Sie sie mit dem oder den (ebenfalls aneinander gewöhnten) Männchen zusammenbringen.

Sie können Ihre Gleitbeutlerzucht mit einem Pärchen beginnen oder mit einer Gruppe aus mehreren Männchen und Weibchen, wobei es immer mehr Weibchen sein sollten. Gleitbeutler werden im Alter von etwa einem Jahr geschlechtsreif, die Weibchen beteiligen sich aber meist erst etwas später am Fortpflanzungsgeschehen. Sie können dann bis ins hohe Alter immer wieder Junge bekommen.

Sind mehrere Männchen in der Gruppe, die sich gut miteinander vertragen, kommt jedes von ihnen als Vater der Jungen in Frage, nicht selten haben Zwillinge sogar verschiedene Väter! Wenn Sie einen genauen Überblick über die Abstammung Ihres Gleitbeutlernachwuchses bewahren wollen, sollten Sie in jeder Gruppe nur ein Männchen haben. In größeren Gruppen verschwinden immer wieder Beutel- oder Nestjunge spurlos; vermutlich werden sie von den anderen Gruppenmitgliedern gefressen. Manchmal fallen zum Beispiel die Jungen von rangniedrigeren Tieren den Angriffen des dominanten Weibchens zum Opfer. In einer Kleingruppe kommt das kaum vor, relativ gesehen ist der Fortpflanzungserfolg daher oft größer.

Paarung

Im südlichen Australien erstreckt sich die Fortpflanzungssaison der Gleitbeutler etwa von Juni bis November. Sie wird von den Außentemperaturen und dem Nahrungsangebot beeinflusst. Nur selten zieht ein Weibchen mehr als einen Wurf pro Jahr auf, wenn es aber seine Jungen verliert, wird es nach rund zwei Wochen wieder paarungsbereit. In Neuguinea, wo es kaum ausgeprägte Jahreszeiten gibt, dürften sich die Possums mehr oder weniger das ganze Jahr über fortpflanzen. Auch in Gefangenschaft können Paarungen jederzeit vorkommen, ein Weibchen kann zwei bis drei Würfe pro Jahr zur Welt bringen. Oft kommen innerhalb einer Gruppe mehrere Weibchen gleichzeitig in Fortpflanzungsstimmung.

Ein gut gehaltenes Possumweibchen kann bis zu sechs Junge im Jahr aufziehen.

Die Männchen der Gruppe zeigen großes Interesse an paarungsbereiten Weibchen, sie laufen ihnen nach und schnuppern an ihrer Kloake. Die Paarung kann irgendwo im Geäst erfolgen, aber auch im Nest. Unser erstes Pärchen, Petja und Matilda, zog es vor, im Nistkasten zu bleiben – wenn sie einmal an einem Abend nicht zum Essen erschienen, wussten wir, dass in Kürze wieder mit Nachwuchs zu rechnen war.

Trächtigkeit und Geburt

Außerhalb der Paarungszeit ist der Beutel flach und dünnwandig. Mit dem Beginn der Fortpflanzungssaison verdicken sich die Beutelwände, sie werden stärker von Blutgefäßen und Drüsen durchsetzt. Bringt das Weibchen keine Jungen zur Welt, bildet sich der Beutel wieder zurück, um dann, einem 29-Tage-Zyklus folgend, wieder anzuwachsen. Dies wiederholt sich während der Fortpflanzungssaison so lange, bis das Weibchen trächtig wird.

Die Tragzeit der Possums ist wie bei allen Beuteltieren sehr kurz. Zirka 16 Tage nach der Befruchtung kommen die Jungen zur Welt. Obwohl das Weibchen vier Zitzen hat, besteht ein Wurf meist nur aus ein bis zwei Jungen, ganz selten können es auch drei sein. So ein neugeborenes Gleitbeutlerkind ist etwa 1 cm groß und wiegt knapp 0,2 g. Es ist unbehaart und kann seine Körpertemperatur noch nicht selbst regulieren. Die Hinterbeine sind noch kaum entwickelt. An den Vorderbeinen hat es aber bereits Krallen, so dass es von der Geburtsöffnung zum Beutel der Mutter kriechen kann. Es orientiert sich dabei vermutlich mit Hilfe des Geruchssinnes, wahrscheinlich auch anhand von Tast- und Wärmeempfindungen. Sehen oder hören kann es noch nicht – die Augen sind geschlossen, die Ohren sind noch nicht zu erkennen. Die Mutter reinigt zwar vor der Geburt den Beutel und ihr Fell, sie unterstützt das Junge aber in keiner Weise. Es muss den Weg ganz alleine zurücklegen. Im Beutel angekommen, saugt sich das Kleine an einer Zitze fest, die seine Mundhöhle völlig ausfüllt. Hier bleibt es für die nächsten Wochen.

Der Blick auf die Bauchseite zeigt: Das linke Weibchen hat zwei Junge im Beutel, das rechte nur eines.

Entwicklung der Jungen

Da die Jungen bei der Geburt so klein sind, bemerkt man zunächst von außen kaum, dass sie sich im Beutel befinden. Allerdings hält das Weibchen einen „besetzten" Beutel fester geschlossen als einen leeren, bei dem man vor allem bei Tieren, die schon mehrmals geworfen haben, oft die Zitzen sehen kann. Mit der Zeit beginnt sich der Beutel auffällig zu wölben. Nun kann man auch schon erkennen, ob er ein oder zwei Junge enthält – je nachdem, ob die Wölbung einseitig oder symmetrisch ist.

In den ersten zwei Monaten bekommt man die Jungen normalerweise nicht zu Gesicht, ihre Entwicklung spielt sich ausschließlich innerhalb des Beutels ab. Nur besonders zahme Possumweibchen erlauben es ihrem Betreuer, gelegentlich einen Blick in den Beutel zu werfen. Ab einem Alter von zwei Wochen ist das Geschlecht der Kleinen erkennbar. Mit etwa 30 Tagen sind die Jungen im Schnauzenbereich schon etwas behaart. Im Alter von 50 Tagen ist ihre Haut auf Kopf und Schulter dunkelgrau

Normalerweise ist so ein kleines und schwach behaartes Jungtier noch im Beutel der Mutter!

Größere Junge passen nicht mehr ganz in den Beutel, sondern stecken nur ihren Kopf zum Trinken hinein.

gefärbt. Zwei Wochen später ist ihre Rückenseite mit einem dünnen Fell bedeckt. Die Schwänze oder Hinterbeine der Jungen beginnen aus dem Beutel herauszuragen. Mit etwa 10 Wochen verlassen die Jungen zum ersten Mal den Beutel. Zu diesem Zeitpunkt wiegen sie etwa 30 g und haben bereits ein kurzes Fell, ihre Augen bleiben aber noch weitere 10 Tage geschlossen.

Säugende Weibchen brauchen etwas mehr Nahrung; eventuell kann man in dieser Zeit ein Kalziumpräparat zufüttern, auch sollte man reichlich tierisches Eiweiß geben.

Die nächsten Wochen verbringen die Jungen überwiegend im Nest; sie sind schon zu groß, als dass ihre Mutter sie im Beutel mittragen könnte. Meist bleibt eines der erwachsenen Possums (oft ist dies der Vater oder ein älteres Geschwister) bei ihnen zurück. Die Kleinen sind natürlich noch auf die Muttermilch angewiesen. Mitunter kommt die Mutter mit einem Jungen, das gerade den Kopf zum Trinken im Beutel hat, aus dem Nest heraus. Das Kleine versucht dann entweder, ganz in den Beutel zu kriechen, oder es klettert auf den Rücken der Mutter und hält sich dort fest. Wird es unterwegs „abgestreift", stößt es Verlassenheitslaute aus. Diese locken rasch erwachsene Tiere der Gruppe herbei. Das Kleine klammert sich an einem seiner Familienmitglieder – das kann auch ein Männchen sein – fest und lässt sich von ihm ins Nest zurücktragen. Wenn eine Gleitbeutlergruppe von einem Nest ins andere umzieht, werden größere Junge ebenfalls auf dem Rücken mitgetragen.

Stress kann dazu führen, dass ein Weibchen seine Jungen auffrisst!

Im Alter von etwa dreieinhalb Monaten beginnen die Jungen, das Nest selbstständig zu verlassen und feste Nahrung aufzunehmen, mit vier Monaten hören sie auf, bei der Mutter zu trinken. Anfangs halten sich die Kleinen noch eng an die erwachsenen Gruppenmitglieder, fühlen sie sich alleine gelassen, machen sie sich durch Verlassenheitslaute bemerkbar. Von den älteren Possums lernen sie, was als Nahrung geeignet ist: Sie kosten einfach von den Dingen, an denen die anderen Gruppenmitglieder gerade fressen. Die älteren Possums zeigen sich dabei den Kleinen gegenüber recht tolerant und lassen sich auch echte Leckerbissen wegnehmen.

Handaufzucht verwaister Jungtiere

Es kostet viel Zeit und Mühe, ein Possumkind aufzuziehen. Sie sollten es nur versuchen, wenn es keine andere Möglichkeit gibt, das Kleine zu retten, zum Beispiel wenn ein Weibchen stirbt, bevor seine Jungen selbstständig sind. Gelegentlich werden allerdings größere Waisenkinder von anderen Weibchen mit gleichaltrigen Jungen adoptiert.

Da ein kleines Possum seine Körpertemperatur noch nicht selbst regulieren kann, müssen Sie es warm halten. Ideal wäre ein Brutschrank, bei dem man die Temperatur (30 bis 32 °C) einstellen kann. Andere geeignete Wärmequellen sind elektrische Heizdecken, Wärmeflaschen (die regelmäßig neu gefüllt werden müssen) oder eine Glühlampe, die beispielsweise über einem kleinen Terrarium befestigt wird. Kontrollieren Sie die Temperatur regelmäßig, damit das Possum weder unterkühlt noch überhitzt wird – das könnte tödlich sein. Haarlose Babies brauchen eine hohe Luftfeuchtigkeit, stellen Sie daher ein Glas mit Wasser in das Terrarium.

TIPP

Beschäftigen Sie sich viel mit den Gleitbeutlerjungen – so werden sie wirklich handzahm!

Setzen Sie das Tierchen nie direkt auf die Wärmequelle, sondern geben Sie je nach Temperatur eine oder mehrere Lagen Stoff dazwischen. Bringen Sie das Possum in einem „Beutel" aus Wolle oder Baumwolle unter; eine Socke hat etwa die richtige Größe. Günstig ist es, Wärmeflasche und Beutel in einem luftdurchlässigen Behälter wie einem verschließbaren Korb, unterzubringen. Tagsüber können Sie den Beutel auch am Körper mit sich herumtragen, wir raten aber davon ab, ihn mit ins Bett zu nehmen. Die Gefahr, dass Sie das Possum erdrücken, ist

Sobald sich die Jungen nicht mehr ständig im Beutel aufhalten, können Sie beginnen, sie an sich zu gewöhnen – vorausgesetzt, die erwachenen Possums tolerieren das.

In Gesellschaft von Artgenossen fühlen sich die Possums am wohlsten. Sie lieben den Körperkontakt und suchen oft die Nähe eines anderen Gruppenmitgliedes.

zu groß. Für Jungtiere, die bereits herumzulaufen beginnen, können Sie ein Terrarium oder einen Käfig mit einer „possumsicheren" Wärmequelle, einigen Ästen und einem Nistkasten einrichten.

Ein verwaistes Possumkind muss rund um die Uhr betreut werden. Überlegen Sie, ob Sie das wirklich durchhalten werden.

Versuchen Sie das Kleine erst zu füttern, wenn es aufgewärmt ist. Wenn es bereits einige Stunden lang nichts zu fressen bekommen hat, geben Sie ihm zunächst eine Glukose-Elektrolyt-Lösung; auch bei eventuell auftretendem Durchfall ist dies empfehlenswert. In Europa sind noch keine speziellen Aufzuchtnahrungen für Beuteltiere erhältlich. Verwenden Sie einen Milchersatz für Hundewelpen mit geringem Laktosegehalt. Fügen Sie ein wenig Honig, später auch verdünnten Babybrei hinzu. Die Nahrung sollte immer körperwarm sein. Wenn die Jungen etwa drei Monate alt sind, können Sie sie daran gewöhnen, Brei aus der Schüssel zu fressen, allmählich können Sie ihnen auch Obst (zunächst gerieben) anbieten.

Geben Sie kleinen Jungen das Futter tropfenweise auf die Lippen. Älteren Jungtieren können Sie das Futter in einer Spritze anbieten, an der ein kurzer dünner Gummischlauch befestigt ist. Es braucht oft viel Geduld, die Kleinen zum Trinken zu bringen; versuchen Sie aber nie, die Flüssigkeit mit Gewalt in den Mund zu spritzen. Bieten Sie so lange immer wieder Nahrung an, bis die Jungen satt sind.

Halten Sie ein Possum bei der Fütterung am besten so, dass nur der Kopf aus dem Beutel herausragt. Wenn Sie das Tierchen bekleckern, wischen Sie es mit einem weichen Papier ab. Größere Junge können Sie auch frei auf Ihrer Hand sitzend trinken lassen.

Noch unbehaarte Jungtiere sollten alle zwei Stunden gefüttert werden (auch in der Nacht), später kann man dann die Intervalle auf drei bis vier Stunden ausdehnen. Bei Jungtieren, deren Augen bereits offen sind, kann man auf die nächtlichen Fütterungen verzichten.

Vor oder nach jeder Fütterung sollten Sie bei kleinen Jungtieren die Kloake vorsichtig mit einem feuchten, warmen Tuch oder Toilettenpapier abwischen. Ohne diese Stimulierung können die Kleinen ihren Urin nicht absetzen. Mit größeren Jungen sollten Sie sich über die Fütterung hinaus täglich einige Zeit beschäftigen. Geben Sie ihnen Gelegenheit, auf Ihnen herumzuklettern.

Es könnte schwierig sein, handaufgezogene Possums in eine etablierte Gruppe zu integrieren. Falls Sie die Tiere nicht ohnehin weggeben wollen, bringen Sie sie nach Möglichkeit in einem eigenen Käfig (im Fall von Einzelkindern natürlich mit einem Artgenossen) unter.

Verzeichnisse

Interessengemeinschaften und Vereine

BAG (Bundesarbeitsgruppe) Kleinsäuger e.V. – eine Interessensgemeinschaft von Haltern und Züchtern exotischer und einheimischer Kleinsäugetiere (darunter natürlich auch Gleitbeutler). Kontaktperson: Uwe Wurlitzer, Schulzoo Binzer Strasse, Binzer Strasse 14, D-04207 Leipzig; E-Mail: bag@schulzoo.de, www.schulzoo.de/bag

VNK Verein für Nagetiere und Kleinsäuger. Kontaktperson: Andrea Behle, Am Ecker 109, D-42929 Wermelskirchen; E-Mail: behle@01019freenet.de

Literatur

Über die Haltung von Kurzkopfgleitbeutlern

MacPherson, C.: Sugar Gliders. A Complete Pet Owner's Manual. Barron's Educational Service. New York 1997.

O'Reilly, H.: A New Owners's Guide to Sugar Gliders. T.F.H. Publications. New York 2000.

Kelsey-Wood, D.: Sugar Gliders as Your New Pet. T.F.H. Publications. New York 1996.

Über Kletterbeutler im Allgemeinen

Flannery, T. F.: Possums of the World. GEO-Productions, Chatswood 1994.

Smith, M.J. and Hume, I., (eds): Possums and Gliders. Royal Zoological Society of NSW / Surrey Beattey & Sons, Chipping Norton, NSW 1984.

Deutschsprachige Literatur über Gleitbeutler

Schultze-Westrum, T.: Innerartliche Verständigung durch Düfte beim Gleitbeutler *Petaurus breviceps papuanus* Thomas (Marsupialia, Phalangeridae). Zeitschrift für vergleichende Physiologie 50, 151–220 (1965).

Websites

www.schulzoo.de: Eine der besten deutschsprachigen Homepages über Kleinsäuger, Infos über die BAG-Kleinsäuger und einige Fotos von Gleitbeutlern.

www.exotic-pets.de: Deutschsprachige Site über verschiedene exotische Kleinsäuger und einige Informationen über Kurzkopfgleitbeutler.

www.nagetiere-online.de/sugar/sgstart.htm: Eine deutschsprachige, sehr informative Site.

www.sugarglider.net: Eine der umfassendsten, englischsprachigen Sites über Sugar Gliders, sehr hilfreich bei Problemen mit der Haltung, sehr viele Links; Möglichkeit, die verschiedenen Laute der Gleitbeutler zu hören.

www.isga.org: (International Sugar Glider Association): Eine englischsprachige Homepage, Tierschutzverein für Sugar Gliders.

www.glider.buffnet.net: Eine amerikanische Site mit vielen Links und Tipps zur Haltung.

www.zoo.utas.edu.au/sugarglider.html: Eine australische Site mit einem guten Bild eines gleitenden Possums.

http://members.iweb.net.au/~msa/sugar_glider.htm: Noch eine australische Homepage mit Anleitungen zur Haltung und Handaufzucht von australischen Tieren.

www.sugargliders.de: Die Website des Verlages Eugen Ulmer zum Thema Gleitbeutler.

Danksagung

Wir danken dem Verlag Eugen Ulmer, der es uns ermöglichte, dieses erste deutschsprachige Buch über eine Tierart zu schreiben, die nach unserer Überzeugung eine große Zukunft als Heimtier haben wird. Desweiteren gilt unser Dank Anja und Günter, die uns bei der Haltung unserer Tiere unterstützen. Karen Thumm und Adele Millis (beide Australien) besorgten uns zahlreiche, in Europa schwer erhältliche Publikationen über Gleitbeutler. Günter Gollmann und Alexander Magerle trugen durch ihre Kommentare und Anregungen zu einer Verbesserung des Manuskripts bei. Ohne die Mithilfe von Familie Mössinger, die Ihre Zeit und Sugar Gliders zur Verfügung stellten, wären viele der Fotos nicht zu Stande gekommen. Ihnen gilt unser besonderer Dank!

Bildquellen

Birgit Gollmann, Wien: Seite 4, 18, 19, 71.

Regina Kuhn, Stuttgart: Titelfotos (2) und Umschlagrückseite, Bild im Kolumnentitel, Seite 3 (2), 5, 7, 9 (2), 12, 17, 24, 28/29, 31, 33, 35, 37, 39, 43, 44 (2), 45, 46, 47, 49, 53, 55, 56, 58, 60, 62, 65, 72, 75.

Okapia, Frankfurt: Seite 26 (Alan Root/Okapia), 51 (Alain Compost/Bios/Okapia), 67 (Kathie Atkinson/OSF/Okapia).

Save-Bild/Auscape (J. P. Ferrero): Seite 1, 10/11, 20, 68/69.

Die Zeichnungen fertigte Christiane Gottschlich, Berlin, nach Vorlagen der Autoren und aus der Literatur.

Die Deutsche Bibliothek – CIP-Einheitsaufnahme

Ein Titeldatensatz für diese Publikation ist bei Der Deutschen Bibliothek erhältlich.
ISBN 3-8001-3592-2

Wollgrasweg 41,
70599 Stuttgart (Hohenheim),
Internet: www.ulmer.de
Printed in Germany
Lektorat: Dr. Eva-Maria Götz
Layout. Herstellung & DTP: Ulla Stammel
Druck und Bindung: Appl, Wemding

Register

Possums auf einen Blick

Besonderheiten	• nachtaktive, kletternde Beuteltiere • leben in Paaren oder Gruppen • aktiv und neugierig • moschusartiger Geruch • leicht zu zähmen
Körpergewicht	70 bis 160 g
Körpergröße	Kopf-Rumpf-Länge 120 bis 210 mm Schwanzlänge 150 bis 210 mm (Weibchen etwas kleiner als Männchen)
Lebenserwartung	in menschlicher Obhut ca. 6 bis 10 Jahre
Paarungszeit	• bei im Haus gehaltenen Tieren ganzjährig • 2 bis 3 Würfe im Jahr
Tragezeit	16 Tage; Junge bleiben nach der Geburt ca. 70 Tage im Beutel
Wurfgröße	1 bis 2 Junge (ausnahmsweise 3)
Entwöhnung	• Junge werden ca. 4 Monate lang gesäugt • ab etwa 14 Wochen nehmen sie auch feste Nahrung auf
Abgabealter	ab 5 bis 6 Monaten
Käfig	Mindestmaße: Fläche ca. 0,5 bis 1 m^2, Höhe ca. 2 m Ausstattung: • mindestens zwei Nistkästen, 12 x 20 x 12 cm oder größer • Kletteräste, evtl. Seile usw. • Futter- und Wasserbehälter • Käfigboden: Kleintierstreu oder saugfähiges Papier
Pflegemaß-nahmen	• tägliche Fütterung • regelmäßiges Ausmisten • gelegentlich gründliche Reinigung des Käfigs und Auswechseln der Einrichtung
Futter	Obst, Gemüse, gelegentlich Nüsse, Babybrei, Insekten
Gesundheit	Vorsorge: • richtige Unterbringung und Ernährung • regelmäßige Kontrolle der Ausscheidungen
Unfallgefahren	• Bisswunden bei Rangkämpfen untereinander • Bei Freilauf: Vergiftung durch Pflanzen oder Chemikalien, Ertrinken in offenen Wasserbehältern, Entkommen durch offene Fenster oder Türen, Verletzung durch andere Haustiere (z.B. Katzen)
Possumsprache	• Kläffen bei Aufregung • „Rattern" bei Störungen im Nest • niesende Kontaktlaute

Wenn Sie mehr wissen wollen...

In diesem Buch erfahren Sie, wie das Frettchengehege gestaltet werden sollte, wie man den Tieren Abwechslung bietet, alles über ihre Ernährung, Pflege und Gesunderhaltung. Die Aufzucht von Nachwuchs und die Frage, was mit dem Frettchen im Urlaub geschieht, sind weitere Themen des Buches.
Frettchen. Harald M. Schwammer. 2000. 96 S., 71 Farbf., 27 Zeichn. ISBN 3-8001-7470-7.

Den noch unerfahrenen Liebhabern kleiner Nagetiere bietet dieses Buch eine erste Hilfe für eine tiergerechte und einfache Haltung von Mäusen, Ratten und Rennmäusen. Eine kurze Übersicht über Verhalten und Lebensweise hilft, die eigenen Tiere besser zu verstehen.
Mäuse. Georg Gaßner. 3. Aufl. 2001. 48 S., 49 Farbf., 22 Zeichn. ISBN 3-8001-3557-4.

Der Goldhamster ist heute das beliebteste Heimtier unter den Kleinsäugern. Horst Bielfeld hat hier alles zusammengetragen, was der Tierfreund über den richtigen Umgang mit dem Goldhamster wissen muß. Dazu gehören neben Fragen der richtigen Ernährung auch wichtige Hinweise zum Verhalten sowie zum Vorbeugen und Behandeln von Krankheiten.
Der Goldhamster. Horst Bielfeld. 3. Auflage 1998. 126 S., 36 Farbfotos, 46 Zeichnungen. ISBN 3-8001-6894-4.

In diesem Buch sind einige Hinweise und praktische Ratschläge für die Haltung und Pflege des Meerschweinchens enthalten.
Meerschweinchen. Dietrich Altmann. 3. Auflage 2001. 48 Seiten, 36 Farbf., 23 Zeichn. ISBN 3-8001-3555-8.

Dieser Band informiert über das richtige Rattenheim, das passende Futter und Beschäftigungsmöglichkeiten für die zutraulichen Nager. Der richtige Umgang mit den Tieren ist genauso wichtig wie die Hinweise zu ihrer enormen Vermehrungsfreudigkeit. Die speziell für das Buch angefertigten Fotos verdeutlichen, wie man Ratten fordern und beschäftigen und dabei herrlich beobachten kann.
Ratten. Georg Gassner. 2. Auflage 2001. 48 S., 43 Farbf. ISBN 3-8001-3558-2.

Als eine grundlegende Anleitung zur Haltung versteht sich dieser Band, der sich gleichermaßen an junge wie an ältere Katzenliebhaber wendet.
Katzen. Birgit Gollmann. 3. Auflage 2001. 48 Seiten, 35 Farbf. ISBN 3-8001-3561-2.